Das Kräuter-
Kulinarium

einfach gut leben

Das Kräuter-Kulinarium

Meine Kräuter – meine Lieblingsrezepte

Maiga Werner

Dort-Hagenhausen-Verlag

Inhalt

Vorwort

Auf die Frage, wie man denn auf Kräuter kommt, habe ich jetzt endlich eine Antwort gefunden: Das Bild links spricht für sich. Ich war schon als Kind eine kleine Gärtnerin und ich bin sehr froh darüber, dass ich diese Leidenschaft bisher auch immer ausleben konnte. Dank des großen Gartens meiner Eltern im Hunsrück, der nach einigen Jahrzehnten schließlich zum Naturkräutergarten wurde, konnte ich auch während meines Studiums diverse Gemüse und Kräuter kultivieren.

Da mich die Faszination der Kräuter nie verlassen hat und Kräuter nun zu meinem Beruf geworden sind, möchte ich die Welt der Kräuter in einer kulinarischen Reise durch das Kräuterjahr beschreiben.

Natürlich lernte ich nicht nur von der Natur selbst. Zu meinen Lieblingsbüchern gehören das Heilkräuterlexikon von Maurice Méssegué und das antike Kochbuch, das einem gewissen Apicius zugeschrieben wird. Nicht zuletzt lebe ich derzeit mit meinen Kräutern auf altem keltischen Grund, und die Inspiration fließt herrlich ineinander und die unmittelbare Erfahrbarkeit der Kräuter im Hier und Jetzt ist dabei besonders spannend.

Die Besucher des Naturkräutergartens und unseres Cafés können das aufspüren und entdecken, vor allem aber schmecken! Dabei wird gestaunt, wie einfach sich Kräuter ziehen lassen und dass man alle Blüten der Kräuter genauso essen kann, wie man auch die Blätter rund um das Jahr kulinarisch verwenden kann. Aus der Medizin und Heilkunde ist man eher vorsichtig, aber etwas Natürlicheres als Kräuter oder Wildpflanzen kann man gar nicht finden! Nach all den Skandalen rund um Lebensmittel kann ich Kräuter gar nicht genug anempfehlen. Diese einfache grüne Kraft kann uns nicht nur den Gaumen versüßen!

Normalerweise isst ein Mensch nicht übermäßig viele Kräuter und moderne Warnungen beruhen oft auf Laborversuchen. Je nach Standort, Düngung, Bodenbeschaffenheit und Bodenleben oder Pflanzennachbarschaften variieren die Inhaltsstoffe der Kräuter enorm. Man sollte einfach niemals zu viel von irgendeinem Lebensmittel über einen längeren Zeitraum verzehren. Und die Natur hält so viele Schätze für uns bereit, dass man täglich ein anderes Kräutlein ausprobieren kann.

Die Autorin und der Verlag übernehmen keine Haftung und wer sich unsicher ist, soll vor dem Verzehr lieber erst einen Heilpraktiker oder Arzt befragen.

Warum in die Ferne schweifen: Frühlingskräuter

Die jungen Wilden vor unserer Haustür

Tulpenblüten kann man ebenfalls essen – natürlich nur, wenn sie unbehandelt sind, also aus dem eigenen Garten … Sie schmecken süßlich und alle Sorten eignen sich. Aber Vorsicht vor anderen Frühlingsblumen – bitte nur Tulpenblüten essen, nicht die Zwiebeln!

Im zeitigen Frühjahr drängt eine Fülle von Lebenskraft ans Licht, um uns Winterkälte und Bewegungsmangel auszutreiben. Einseitige oder üppige Ernährung lassen uns nach frischem Leben lechzen, und da kommen uns die einfachen Wildkräuter zur schmackhaften Hilfe, die sich traditionell in der Neun-Kräuter-Suppe oder Gründonnerstagssuppe finden.

So begegnen uns jetzt Bärlauch, Brennnessel, Giersch, Löwenzahn, Sauerampfer und Wiesenkerbel, die genau wissen, wie man die ersten Sonnenstrahlen, die kühle Frühlingsluft, das Schmelzwasser und die Erdelemente in sich vereint. Auf den Beeten und im Rasen gehen aber auch immer wieder Gänseblümchen, Knoblauchsrauke, Pimpinelle, Sauerampfer, Schafgarbe, Veilchen, Vogelmiere und Wegeriche auf und in Mauer und Gesteinsritzen findet man das Felsenblümchen. Je nachdem, ob der Mensch, der Boden oder das Ökosystem diese Kräuter vielleicht brauchen. Diese in Kräutern gesammelten Kräfte können wir uns jederzeit kulinarisch einverleiben, so wie die Jahreszeit sie in ihrem Rhythmus hervorbringt.

Auf dem Balkon oder im Gartenbeet und Gewächshaus lohnt es sich, im späten Sommer schon Feldsalat, Felsenblümchen und Lauchellerkraut zu säen oder diverse Wildkräuter gedeihen zu lassen, um im Frühjahr Freude daran zu haben.

Bärlauch – lieblich deftiger Frühlingsgruß

(Allium ursinum) Amaryllidaceae

Vor einigen Jahren verteilte ich zur Freude aller Rosengewächse etliche Bärlauchpflänzchen unter Obstbäumen und Sträuchern, sodass ich über die Jahre beobachten konnte, wie der Bärlauch in die Erdbeeren und freien Flächen wanderte, um sich mittlerweile mit Giersch und Waldmeister die schattigen Plätzchen unter den Gehölzen zu teilen.

Ich frage mich immer, wo der ganze Bärlauch für all die Lebensmittel herkommt, die er schon seit Jahren so fantasievoll würzt. Aber ich kann verstehen, dass sein feiner Knoblauchgeschmack, sein volles Aroma und seine Bärenkräfte neben Gaumenfreuden auch die Umweltbelastungen in uns lindern können, denen wir uns täglich aussetzen.

Die ambivalente Haltung des ungeduldigen Gärtners gegenüber warmen Frühlingstagen wird belohnt, wenn der Bärlauch endlich sprießt und sich die Gläser mit Bärlauch-Pesto füllen. Aber kaum hat man sich am Bärlauch gelabt, ist er schon wieder verblüht! Jetzt heißt es, die kleinen Sämlinge, die zwischen all den anderen Kräutern aufgekeimt sind, in Töpfe zu pflanzen oder unter noch Bärlauch freies Gebüsch umzusiedeln.

Basic: Bärlauch-Pesto

Für 3–4 Gläser à ca. 100 ml

100 g Bärlauch
200 ml Rapsöl oder Olivenöl
40 g geröstete Mandeln, Pinienkerne oder Walnüsse
2 Prisen Salz

■ Bärlauch nach dem Waschen sehr gut trocknen oder so gut pflücken, dass man nicht waschen muss.

■ Die Gläser kochend heiß ausspülen und vollständig trocknen lassen.

■ Alle Zutaten in einem Mixer zerkleinern und in die vorbereiteten Gläser füllen. Mit etwas Öl bedecken und fest verschließen.

Bärlauch-Windbeutel

■ Den Backofen auf 150 °C vorheizen. Wasser und Butter in einem Topf zum Kochen bringen. Mehl und Stärke dazurühren und so lange weiterrühren, bis sich der Teig in einem Kloß vom Boden löst.

■ Den Kloß in eine Rührschüssel geben und nach und nach die Eier unterrühren.

■ Kleine Häufchen auf ein Backblech setzen und im vorgeheizten Ofen ca. 30 Minuten backen.

■ Noch heiß aufschneiden und abkühlen lassen.

■ Die Kräuter fein hacken, mit dem Frischkäse und dem Schmand verrühren und abschmecken. Die Windbeutel damit füllen.

Für die Windbeutel
(Brandteig)
1/4 l Wasser
50 g Butter
150 g Mehl
30 g Speisestärke
3–4 Eier

Für die Füllung
1 Handvoll Hauptkraut, je nach Jahreszeit z. B. Bärlauch, Estragon oder Ysop, fein gehackt
1 Handvoll weitere Kräuter, z. B. Weinbergslauch, Schnittlauch, Giersch, Spitzwegerich, Hirschhornwegerich, Vogelmiere, Wiesenkerbel, Brennnessel, etc., fein gehackt
250 g Frischkäse
200 g Schmand
Salz, Pfeffer

Brennnessel – bodenständige Magierin

(Urtica dioica) Urticaceae

Für die animalische Brennnessel bin ich Feuer und Flamme! Sie scheint nicht nur von außen zu brennen, wenn man sie zart berührt, sondern auch innerlich lässt sie verglühen, was unnötig, belastend oder verschlackend ist. Trotz ihrer Robustheit und Anspruchslosigkeit kann sie selbst an späten Frösten oder zu starker Sonneneinstrahlung verbrennen, erholt sich aber schnell und stellt uns ihre gesammelten Kräfte in angenehmer Weise zur Verfügung.

So wie einst meine Pferde und Ziegen im Winter Brennnesselheu liebten, so liebe auch ich die ersten zarten Spitzen dieses Kraft-Krautes, und schließlich gibt sie jede Menge Nährstoffe, als Mulchdecke oder kompostiert, wieder an junge Pflanzen zurück oder als gesunde Nachbarpflanze auf Obstbaumscheiben oder anderen Gehölzen.

Mittlerweile ist die Brennnessel auch ein Renner in meinen Kräuterabonnements geworden und so stehen neuerdings nicht nur am Rande des Gartens die Brennnesseln für die Schmetterlinge ,sondern es entfalten sich auch riesige Brennnesselhorste mitten im Meldefeld für die beliebte Brennnesselsuppe im Café.

Tipp

Für den Winter kann man die Brennnessel kurz blanchieren und einfrieren oder für die Teezubereitung trocknen!

Rés Energieplätzchen

300 g Butter
125 g Puderzucker
1 Prise Salz
1 EL Vanillezucker
2 Eigelb
250 g gemahlene Walnüsse
500 g Mehl
1 Tasse geröstete Brennnesselsamen

■ Den Backofen auf 170 °C vorheizen. Die Butter schaumig rühren, Vanillezucker, Puderzucker, Salz und Eigelbe unterrühren.

■ Die Masse mit Mehl, Walnüssen und Brennnesselsamen verkneten. Kleine Bällchen rollen, auf ein gefettetes Backblech drücken und zu kleinen Hügelchen formen.

■ Im vorgeheizten Ofen 20 Minuten backen, bis eine leichte Bräune zu sehen ist.

Tipp

Brennnesselsamen gibt es auch im Bioladen.

Gundermann oder Gundelrebe – zauberhafte Würzranke

(Glechoma hederacea) Lamiaceae

Tipp

Die Gundelrebe gehört unbedingt in die „Neun-Kräuter-Suppe" am Anfang des Frühjahrs. Die kleinen Blüten verfeinern jeden Frühlingsquark und als Kübelpflanze rankt sie hübsch über den Topf hinaus, muss aber als Begleiter anderer Pflanzen reduziert werden, sonst überwuchert sie zu stark.

Ich freue mich immer schon darauf, wenn sich die hübsche aromatische Gundelrebe zu einer schmackhaften Girlande im Frühling durch den Garten rankt und irgendwann mit ihren lila Blütchen lockt. Dieser unscheinbar aussehende Lippenblütler entfaltet schon mit wenigen Blättern und Blüten eine enorme, herbe Aromakraft. Sein ungewöhnlicher Geschmack passt gut zu fetten Speisen und Soßen und würzt Frühlingssuppen auf ganz eigene Weise. Ganz besonders fein finde ich die Blüten im Kräuterquark oder die Blätter als Würze zu Ziegen- oder Schafskäsegerichten. Denn wenn man eine Nuance aus der Aroma-Palette der Gundelrebe genauer betrachtet, empfindet man leicht einen Schaf- bzw. Ziegengeschmack.

Variante der Neun-Kräuter-Suppe

vegan

je 1 Handvoll Brennnessel, Bärlauch oder Knoblauchsrauke, Giersch, Gänseblümchen, Löwenzahn, Schafgarbe, Vogelmiere, Wegerich
8–10 Gundelrebenblätter
2 Zwiebeln
2 EL Olivenöl
2 EL Dinkelmehl
1 l vegane Gemüsebrühe
Pfeffer, Kräutersalz, Muskatnuss

■ Die Kräuter waschen, abtropfen lassen und fein schneiden.

■ Zwiebeln fein hacken und im Öl andünsten. Danach das Dinkelmehl darüberstreuen und unter ständigem Rühren die Gemüsebrühe langsam dazugießen. Die Suppe kurz aufkochen und dann für etwa fünf Minuten weiter köcheln lassen.

■ Die Kräuter dazugeben und kurz ziehen lassen. Zum Schluss die Gänseblümchen darüberstreuen und mit Kräutersalz und Pfeffer abschmecken.

■ Je nach Geschmack die Suppe pürieren oder passieren, mit Sojasahne oder, wer es nicht vegan haben mag, natürlich mit Sahne oder Crème fraîche toppen.

Spitzwegerich – balsamischer Sommerkönig

(Plantago lanceolata) Plantaginaceae

Der Spitzwegerich und seine Brüder der Mittel- (*Plantago media*) und Breitwegerich (*Plantago major*) finden in meinem Garten reichlich Spielwiese, um sich auszutoben, festzusetzen und in ihren Variationen zu erfreuen. Vornehmlich aber landet der Spitzwegerich in meinen Salaten oder anderen Kräuterkreationen wie Pestos oder Suppen.
Und wer im Sommer von Mücken oder anderen Insektenstichen belästigt wird, nimmt zwei drei saftige Spitzwegerichblätter, zerreibt diese kurz zwischen den Handflächen und lindert mit dem Saft die gereizte Haut. Das wirkt sofort und anhaltend. Dabei wird einem der champignonartige Duft auffallen, der den zerriebenen Blättern entströmt und der besonders markant ist, wenn man die noch geschlossenen Blüten des Wegerichs kaut.

Tipp

Siehe auch Kapernrezept Seite 120.

vegan

Spitzwegerich-Kichererbsen-Taler

250 g getrocknete Kichererbsen
5 Lorbeerblätter
1 EL Thymianblättchen
1 EL Liebstöckel gehackt
20 Spitzwegerichblätter gehackt
etwas Dinkelmehl eventuell
Salz, Pfeffer, Muskat
Gemüsebrühe vegan

- Kichererbsen über Nacht einweichen.
- Mit den Lorbeerblättern in der Gemüsebrühe weich kochen. Nach dem Kochen die Lorbeerblätter entfernen.
- Die Kichererbsen mit den Spitzwegerichblättern, Thymian und Liebstöckel würzen, pürieren und abschmecken. Je nach Konsistenz etwas Gemüsebrühe dazugeben oder etwas Dinkelmehl.
- Die Masse zu Talern formen und von beiden Seiten goldbraun braten.

Tipp

Dazu passt Wildkräutersalat, Kräuterquark, Wildkräuterpesto oder Rote-Bete-Salat.

Hirschhornwegerich – feines Salzzünglein

(Plantago coronopus) Plantaginaceae

Leider verschwindet der salzige Standorte liebende Hirschhornwegerich immer wieder aus meinen Hunsrücker Beeten und selbst im Gewächshaus muss ich ihn ab und an neu säen, wenn ich vergesse, ihm seine Meersalzrationen zu geben.
Mit seinen geweihartigen und sehr knackigen Blättern, der salzig-nussigen Note, die er seiner maritimen Heimat verdankt, ist er mein Favorit unter den Wegerichen, die man alle essen kann. Die Blütenknospen der Wegeriche, wie Kapern eingelegt, sind eine leckere und hübsche Delikatesse.

Tipp

Siehe auch Kapernrezept Seite 120.

Knoblauchsrauke – eigenwilliger Knoblauchgeselle

(Plantago coronopus) Plantaginaceae

An leicht schattigen und feuchten Gartenecken, gerne versteckt hinter größeren Pflanzen oder Laubgehölz, findet die zarte Knoblauchsrauke ihre Lieblingsplätze. Meine Reihenkultur zollt sie mir mit raschem Wachstum, verblühen und abwandern oder sie wird von Erdflöhen zerfressen, wenn ich nicht genug gieße. Also streife ich lieber durch das gesamte Gelände, um die fein glänzenden runden Blättchen zu suchen, die an den selbst gewählten Plätzen tellergroß werden können. Der zart senfige Knoblauchgeschmack der Blätter, Blüten und noch jungen Schoten begleitet uns das ganze Jahr, wenn es nicht zu trocken wird und wir als Gärtner diese Pflanzenwunder überhaupt zulassen und erkennen, wie sie im Einklang und Zusammenspiel mit ihren Nachbarn zu beobachten sind.

Tipp

Obwohl die Knoblauchsrauke so eigenwillig ist, lässt sie sich eine Weile auch im Topf oder im Balkonkasten ziehen. Neben anderen Kohlgewächsen wie Felsenblümchen, Lauchhellerkraut, ein- und mehrjährigem Rucola, Brunnenkresse oder Löffelkraut kann man sich das ganze Jahr über auch an der frischen Knoblauchsrauke erfreuen. Dazu würde ich Petersilie und Kerbel pflanzen.

Löwenzahn – bitterzarter Tausendsassa

(Taraxacum officinale) Asteraceae

Neben Brennnessel, Sauerampfer oder Spitzwegerich findet sich auch der Löwenzahn als ständiger Begleiter des Menschen. Es gibt keinen Ort, den der Löwenzahn verschmähen würde, und keine Blattform, die er in seinen Möglichkeiten nicht gestalten würde, und so robust er uns erscheint, so feinfühlig reagiert er zum Beispiel auf Sonne oder Regen.

Tief in die Erde wurzelnd, fördert der Löwenzahn Stoffe zu Tage, die er benachbarten Pflanzen, dem Kompost oder uns als Speise zur Verfügung stellt. Wie beim Giersch empfehle ich auch hier, die frühen frischen Blättchen im Salat zu genießen oder ihn als Bestandteil in Suppen oder Pestos zu verwenden. Die noch geschlossenen Blütenköpfe sind als falsche Kapern eingelegt und die Blüten zu Sirup gekocht ein feiner Wintervorrat. Ganz besonders aber freue ich mich jedes Jahr auf die ersten feinen Löwenzahnblätter, von denen ich mir gar nicht genug morgens auf mein Frühstücksbrot legen kann, mittags am liebsten einfach mit gekochten Kartoffeln oder abends als Salat angerichtet mit Brennnesseldressing! Und noch im Herbst bin ich nicht müde, meine Löwenzahnblätter zu pflücken und genießen.

Wildkräuterpesto

Ergibt ca. 5 Gläser à ca. 100 ml

80 g Mandeln oder Walnüsse
15 g Löwenzahn – bitter, herb
10 g Pimpinelle – nussig
20 g Bärlauch, Knoblauchsrauke oder Schnittknoblauch – knoblauch
20 g Brennnessel – saftig-süß
20 g Spitzwegerich oder Taubnessel – champignon
20 g Postelein, Vogelmiere oder Melde – salatig, erbsig fein
20 g Sauerampfer – sauer
30 g Giersch – möhrig süß
15 g Beinwell oder Borretsch – gurkig
10 g Felsenblümchen oder Pfefferkraut – süß-scharf zum Abrunden!
400 ml Raps- oder Olivenöl
6 g Ursalz, Himalayasalz oder Meersalz
etwas Pfeffer zum Abschmecken

■ Die Gläser kochend heiß ausspülen und vollständig trocknen lassen.

■ Mandeln oder Walnüsse ohne Öl in einer Pfanne kurz rösten und erkalten lassen.

■ Kräuter grob klein schneiden, dann mit dem Öl und dem Salz in einem Mixer oder Blender zerkleinern.

■ Die Nüsse hinzufügen, pürieren und abschmecken. In die vorbereiteten Gläser füllen, mit etwas Öl bedecken und fest verschließen.

■ 2 Blättchen oder vor allem die Blüten der Gundelrebe würzen dieses Pesto auf eine ganz besondere Art!

Pimpinelle oder Kleiner Wiesenknopf – feinherbes Nussblättchen

(Sanguisorba minor) Rosaceae

Die Pimpinelle, ein unscheinbares Rosengewächs, liebt die Gesellschaft von Gräsern, was es für mich als Gärtnerin nicht gerade leicht macht, die filigranen Blättchen zu pflücken. Im Gewächshaus kann der Wiesenknopf nahezu das ganze Jahr über beerntet werden und scheint auch die Nachbarschaft von Zwiebelgewächsen wie Knoblauch, Schnittknoblauch, Zwiebeln, Bärlauch und Winterheckenzwiebeln oder Luftetagenzwiebeln zu schätzen. Mit der Zwischenpflanzung der Zwiebelgewächse versuche ich auch die Anfälligkeit für Rost an den Pimpinellepflanzen etwas einzudämmen. Als wichtige Geschmacksentscheidung für die Grüne Soße nimmt die Pimpinelle einen anerkannten Platz in der Küche ein, aber die zartnussige Note der feinen Blättchen verleiht auch Wildkräuterpestos oder einer Wildkräutersuppe eine unverkennbare Würze, und nicht zuletzt wirkt das gefiederte Blatt als zauberhafte Tellerdeko.
Die Frankfurter Grüne Soße besteht traditionell aus sieben Kräutern: Borretsch, Kerbel, (Brunnen-)Kresse, Pimpinelle, Petersilie, Sauerampfer und Schnittlauch. Sie werden fein gewiegt, mit saurer Sahne und/oder selbstgemachter Mayonnaise gemischt und zu hart gekochten Eiern gereicht. Daneben gibt es nicht nur in Deutschland zahlreiche Varianten aus den unterschiedlichsten Kombinationen, deren Ursprung sich bis zu den Römern zurückverfolgen lässt.

Damwild-Kräuter-Frikadellen

250 g Damwildhackfleisch oder anderes Hackfleisch
1 Ei, 2 dicke Zwiebeln
Salz, Pfeffer, scharfer Senf
etwas Japanischer Wasserpfeffer oder Chili, klein gehackt
1 eingeweichtes Brötchen vom Vortag
Kräuter (volumenmäßig so viel wie die Fleischmasse): Pimpinelle, Sauerampfer, Winterheckenzwiebel, Schnittlauch, Gundermann, Kerbel, Spitzwegerich, zu gleichen Teilen

■ Die Kräuter waschen, abtrocknen und klein hacken. Die Zwiebeln sehr fein hacken und zusammen mit den Kräutern und dem Hackfleisch vermengen.

■ Alles würzen und mit dem Ei und dem Brötchen verkneten. Zu Frikadellen formen und mit etwas Öl braten.

Sauerampfer – emsiger Frischebote

(Rumex acetosa und acetosella) Polygonaceae

Der Sauerampfer begleitet uns ebenfalls mit seiner unermüdlichen Frische fast durch das ganze Jahr und so können wir ihn für unsere Salate, Pestos oder Sauerampfersüppchen pflücken. Er ist eines der wenigen wirklich bekannten Kräuter, an die sich die Teilnehmer in meinen Seminaren aus der Kindheit erinnern. Natürlich haben auch mein Bruder und ich ihn als Kind gegessen. Lustigerweise begegnete er mir als Studentin in Wuppertal wieder, als ich in einem Bistro als Köchin jobbte. Der Inhaber, ein Franzose, brachte aus dem Fachmarkt immer in große Gläser eingemachten französischen Sauerampfer mit, den ich dann zu einem Sauerampfer-Rahmsüppchen verfeinern sollte. Für den Winter also ruhig mal ein paar Kräuter milchsauer einlegen (Rezept siehe unten)!
Gartentipp: Der Blutampfer (*Rumex sanguineus*) mit seinen roten Adern ist eine schöne Abwechslung für den Teichrand oder halbschattige Plätze im Garten und eine bunte Salatzutat.

vegan

Basic: Milchsauer einlegen

Sauerampfer
15 g Meersalz auf
1 l Wasser

■ Meersalz und Wasser zusammen aufkochen und lauwarm abkühlen lassen. Den Sauerampfer waschen, sorgfältig trocknen und klein schneiden.

■ Den Sauerampfer in luftdicht verschließbare Gläser füllen und mit dem Salzwasser übergießen. Dabei darauf achten, dass keine Luft in der Masse bleibt. Oben ein paar Zentimeter Platz für den Gärprozess lassen.

■ Die Gläser verschließen und ca. 8 bis 10 Tage an einem warmen Ort stehen lassen. Wenn der Saft steigt, das Glas kühler stellen.

■ Nach 2 bis 8 Wochen ist der Sauerampfer fertig und hält sich über den Winter. So lassen sich auch im Winter die eigenen Kräuter genießen.

Tipp

Fast alle Kräuter und Gemüse lassen sich so für den Winter einlegen und wunderbar kombinieren.

Sauerampfer-Bohnen-Salat

vegan

250 g große, dicke, weiße Bohnen
2 große Möhren
2 Handvoll Sauerampfer, großer, französischer oder römischer Schildampfer
1 Handvoll Korinthen
Salz, Pfeffer, Muskatnuss
1 EL Essig
2 EL Öl
1 EL Kapern

■ Die Bohnen über Nacht einweichen. Am nächsten Tag in reichlich Gemüsebrühe weich kochen, abgießen und die Brühe auffangen.

■ Die Möhren klein schneiden und in der Brühe nicht zu weich kochen, abgießen und die Brühe wieder auffangen. Nun die Korinthen in der Brühe einweichen.

■ Den Sauerampfer waschen, trocknen und klein schneiden. Mit den erkalteten Bohnen, Korinthen und Möhren mischen. Mit Salz, Pfeffer, Essig, Öl und Muskatnuss abschmecken und nach Geschmack Kapern darüberstreuen.

Römischer Schildampfer – saurer Drop

(Rumex scutatus) Polygonaceae

Als saurer Drop zwischendurch oder zum Neutralisieren des Gaumens während einer Kräuterführung erzeugt der Schildampfer immer wieder ein Aha-Erlebnis. In den Bergen Andalusiens fand ich den kleinen Ampfer ebenso wie an den schiefersteinigen Moselweinbergen und man kann ihn wunderbar im Garten oder im Kübel kultivieren. Mit ausreichend Nährstoffen und Wasser wächst er so schnell nach, dass wir Woche für Woche, von Frühling bis Herbst unsere Salate mit seinen sehr sauren und dekorativen Blättern ergänzen können. Das ständige Bepflücken der Kräuter bewirkt oft ein stetes und verzweigtes Nachwachsen, als gäbe es durch das viele Ernten besondere Wachstumsimpulse, vor allem wenn man sich immer wieder bei den Pflanzen bedankt!

Tipp

Da der Schildampfer absolut robust und ohne Schutz winterhart ist und seine Wurzeln tief in die Erde, auch durch Geröll, schlängelt, ohne zu wuchern, ist er ein idealer Hangbewuchs.

Schildampferpesto

3 Bund Schildampfer
120 ml Läuterzucker (Verhältnis 2:1)
100 g Pinienkerne
100 ml Olivenöl
1 Prise Salz
Abrieb von 1/2 Limette

Ein Rezept von Sascha Daniels

Den Schildampfer waschen, abtropfen lassen und grob klein schneiden.

Anschließend mit allen anderen Zutaten bis auf Salz und Limettenabrieb pürieren. Dann mit Limettenabrieb und Salz abschmecken.

Saftige Maishähnchenbrust mit Schildampferbutter gefüllt

4 Maishähnchenbrüste à ca. 200 g
40 g Schildampfer
150 g Butter
5 g Zitronensaft
2 EL Mehl
1 EL Öl
Salz, Pfeffer

Ein Rezept von Sebastian Schuff

■ Den Schildampfer waschen und in einem Sieb etwas abtropfen lassen.

■ Zusammen mit dem Zitronensaft, etwas Salz und Pfeffer mit einem Mixstab pürieren, bis ein feines Pesto entsteht.

■ Butter cremig aufschlagen, das Schildampferpesto unterrühren, mit Salz und Pfeffer abschmecken.

■ Die Maishähnchenbrüste abwaschen und trocken tupfen. Auf die Hautseite legen und vorsichtig die Brust etwas einschneiden, sodass eine kleine Tasche entsteht.

■ Den Ofen auf 170 °C vorheizen. Die Schildampferbutter in einen Spritzbeutel füllen und in die Tasche spritzen.

■ Die Maishähnchenbrust von beiden Seiten mit Salz und Pfeffer würzen, in dem Mehl wenden und beidseitig ca. 2 Minuten in einer Pfanne in dem Öl anbraten.

■ Mit der Hautseite nach oben 10 bis 15 Minuten im vorgeizten Ofen garen.

Kabeljau, Tomaten-Schnick-Schnack und Maiskräuterkrapfen

Für 4 Personen

4 Stück portioniertes Kabeljaufilet à 150 g

Für das Kräutergewürzöl
1 l Olivenöl
Schale von 1 Zitrone
2 Lorbeerblätter
1 Sternanis
2 EL Senfkörner
1/2 Tonkabohne
1 EL weiße Pfefferkörner
1 Stängel Rosmarin
3 Stängel Thymian
2 Blatt Japanischer Wasserpfeffer
2 Knoblauchzehen

Für das Tomaten-Schnick-Schnack
6 Tomaten
1 Bund Basilikum
12 süße Datteln
3 EL Olivenöl
1 Schuss weißer Balsamico
1 Schuss dunkler Balsamico
4 Blatt Gelatine
200 g Sahne

Für das Öl alle Gewürze mit dem Olivenöl auf ca. 80 bis 85 °C erhitzen und in einem geschlossenen Gefäß über Nacht ziehen lassen.

Am nächsten Tag für das Tomaten-Schnick-Schnack die Tomaten schälen, vierteln und das Innenfleisch herausschneiden. Das Außenfleisch beiseitestellen.

Das Innenfleisch und den Basilikum in einen Mixer geben und knapp mit Wasser bedecken. Alles fein pürieren, in ein feines Sieb gießen und abtropfen lassen.

Die Sahne zum Tomatenfond geben und mit dem weißen Balsamico, Salz und Pfeffer abschmecken.

Die Gelatine nach Anweisung einweichen. Einen Teil des weißen „Tomatenschaumes“ erhitzen und die eingeweichte Gelatine darin auflösen. Den Tomatenschaum in einen Espuma-Sahnebläser füllen und für 2 bis 3 Stunden im Kühlschrank kalt stellen.

Für die Maiskrapfen das Mehl und die Polenta mischen. Die Milch erwärmen und die Hefe darin auflösen. Das Ei hinzugeben und mit Salz, Pfeffer und Muskatnuss abschmecken. Die Milch-Hefe-Ei-Masse mit der Mehl-Polenta zu einem glatten Teig schlagen.

Die Kräuter waschen, trocknen, fein hacken und unter den Teig mischen. Danach den Teig ca. 30 Minuten ruhen lassen. Den Teig in kleinen Mengen in der Fritteuse ausbacken.

Das Außenfleisch der Tomate und die Datteln klein schneiden und mit dem dunklen Balsamico und dem Olivenöl abschmecken.

Den Kabeljau mit Salz und Pfeffer würzen und in einer Pfanne anbraten.

Das Gewürzöl nun mit den frischen Kräutern wieder auf 80 bis 85 °C erhitzen und den Kabeljau darin ca. 7 bis 8 Minuten pochieren, dabei darauf achten, dass die Temperatur konstant bleibt.

Anschließend den Kabeljau vorsichtig herausnehmen, leicht abtropfen lassen und auf dem Tomaten-Schnick-Schnack anrichten. Die Maiskrapfen dazu servieren.

Für die Maiskräuterkrapfen
180 g Mehl
140 g Polenta, fein gemahlen
22 g frische Hefe
220 ml Milch
1 Ei
Salz, geriebene Muskatnuss
je 1/2 Bund Petersilie, Schildampfer und Thymian

Ein Rezept von Michael Daus

Tipp

Den weißen Tomatenschaum kann man auch zu einer weißen Tomatencremesuppe umfunktionieren. Einfach die Gelatine weglassen und die Suppe warm servieren.

Schwarzwurzel – bittersüße Vanilleblume

(Scorzonera hispanica) Asteraceae

Tipp

Gute Nachbarn für die Schwarzwurzel sind zum Beispiel Bohnen, Kohl, Lauch, Möhren, Rettich, Ringelblume und Salat. Um die Blätter der Schwarzwurzel jedes Jahr zu genießen, gibt man ihr einen sinnvollen Dauerplatz und jedes Jahr neue Nachbarn. Sie samt sich dann natürlich selbst aus und verbreitet sich. Diese Sämlinge kann man entweder verpflanzen oder man erntet sie als Ganzes, dünstet und isst sie.

Ich lasse jeden grünen Salat für die Blätter der Schwarzwurzel stehen und kann es kaum erwarten, dass ich im Juni etwa die ersten ergiebigen, süßlich-knackigen Blätter pflücken kann. Es empfiehlt sich wirklich, dieser Pflanze im Garten einen sonnigen Dauerplatz zu geben, um die Blätter und Blütenknospen ernten zu können. Die Knospen ergeben sehr schmackhafte, süßliche und große Kapern oder eignen sich kurz gedünstet oder in Tempura ausgebacken als leckeres Gemüse. Und wenn mittags die Sonne scheint kann ich es mir nicht verkneifen, meine Nase tief in die gelben, löwenzahnähnlichen, Blüten zu stecken, um immer wieder verblüfft zu sein, wie sehr diese Blume nach Vanille duftet!

Wildkräuter-Salatmischung

■ Bärlauch, Löwenzahn, Giersch, Sauerampfer, Knoblauchsrauke, Gänseblümchen, Spitzwegerich, Hirschhornwegerich, Pimpinelle, Wiesenkerbel, Hirtentäschel, Vogelmiere, Schildampfer, Schwarzwurzelblätter … und dazu unser Dressing:

vegan

Naturkräutergarten-Dressing für Wildkräutersalat

1/4 l dunkler Balsamico
1/4 l Rapsöl
1 TL Steinsalz
1/2 TL Pfeffer
1 Schuss Ahornsirup oder Agavendicksaft
1 EL Mandeln oder andere Nüsse
5–7 Stängel Brennnesseln
1 Tasse schwarze Johannis- oder Aroniabeeren

■ Alle Zutaten in einen Mixer füllen und fein pürieren. Dann durch ein Sieb streichen und abschmecken.

■ Sollte das Dressing zu dickflüssig sein, etwas Essig, Öl oder Wasser dazugeben und nochmals abschmecken. In eine Karaffe füllen und zum Salat reichen.

Wiesenbocksbart – Riesenpusteblume

(Tragopogon pratensis) Asteraceae

TIPP

Die noch geschlossenen Knospen sind eine vorzügliche Nascherei zwischendurch und lassen sich auch toll zu Kapern einlegen. Siehe Seite 120

Ein naher Verwandter der Schwarzwurzel ist mir in den letzten Jahren sehr lieb geworden und ich freue mich, dass ich ihn nun sehr leicht kultivieren und meinen Kunden anbieten kann. Normalerweise ernte ich ja nur die Blätter der Pflanzen – aber hier schmeckt nicht nur die ganze Pflanze mit Wurzel und Blättern, sondern es sieht auch sehr schön aus, wenn man ein blanchiertes Pflänzchen über eine Suppe drapiert. Ich empfinde den Geschmack der Blätter und Wurzel als mild, süß, mit einer leicht herben Note und insgesamt feiner abgerundet als den der Schwarzwurzel.

vegan

Tomaten-Kräuter-Cremesuppe mit Wiesenbocksbart und Zitronenverbenenaroma

1 kg sehr reife Tomaten
3 Zwiebeln
1 Knoblauchzehe
3–4 kleine Kartoffeln
2 EL Olivenöl
1 Tasse Weißwein
1 Handvoll Zitronenverbeneblätter
1 1/2 l Wasser
Salz, Pfeffer

■ Die Kartoffeln schälen und klein schneiden. Die Tomaten klein schneiden. Die Zwiebeln ebenfalls schälen und klein schneiden. Zusammen mit den Kartoffeln und Knoblauch in Öl anbraten. Mit Weißwein ablöschen und die klein geschnittenen Tomaten mit den Zitronenverbeneblättern dazugeben. Alles kochen und nach Bedarf Wasser zugeben.

■ Die Wiesenbocksbartpflanzen kurz in Wasser blanchieren oder in Olivenöl anbraten. Nachdem die Suppe gar ist, die Zitronenverbeneblätter wieder entnehmen. Die ganze Suppe pürieren und mit dem Wiesenbocksbart garniert servieren.

Wiesenbocksbart, ganze Pflanze, jung, für jede Person 1 oder 2

Wiesenknöterich – sämiger Gaumenschmeichler

(Bistorta officinalis) Polygonaceae, Eurasien

Auf feuchten Wiesen, gerne auch in der Nähe von Bächen und natürlich auf unserer Obstwiese und teilweise mitten im Gewächshaus hat sich der Wiesenknöterich festgesetzt, als ob er unter seinen Füßen auf etwas aufmerksam machen will. Immerhin erkenne ich seine lieblichen Frühlingsgrüße, die er mit Giersch und Bärlauch teilt.

Der Geschmack der jungen, zarten, Wiesenknöterichblätter ist sehr fein, etwas säuerlich. Er hat einen festen, aber zarten Biss und gibt das Gefühl, dass der zarte Schmelz auf der Zunge zergeht. Die größeren Blätter eignen sich zum Einwickeln von Käse. Eine Suppe aus Wiesenknöterich bindet von selbst und wird herrlich sämig und fein. Selbstredend schmeckt auch ein Wiesenknöterichspinat hervorragend!

Ziegenkäsetaler karamellisiert im Kräutersalatbeet mit Croutons

Für 4 Personen

Für die Ziegenkäsetaler
4 Ziegentaler à 80 g
150 ml Ahornsirup
20 g kalte Butterwürfel
2 TL Meersalz

Für das Kräutersalatbeet
je 1 Bund Löwenzahn, Rucola, Kerbel, Petersilie, Bronzefenchel, Süßdolde, Schildampfer, Melde
1 Spritzer weißer Balsamico
2 EL Olivenöl
Salz, Pfeffer

■ Die Salatkräuter waschen und trocken schleudern. Auf Tellern anrichten.

■ Das Weißbrot in Würfel schneiden und in etwas Butter goldgelb anbraten. Danach die Kräuter hinzufügen und durchschwenken.

■ Den Ahornsirup in einer Pfanne karamellisieren lassen und die Ziegenkäsetaler hinzugeben.

■ Mit Meersalz abschmecken und die Taler auf dem Kräutersalat anrichten.

■ Den restlichen karamellisierten Sirup in der Pfanne mit dem Balsamico und etwas Olivenöl ablöschen und mit kalten Butterwürfeln binden. Mit diesem Fond den Kräutersalat marinieren.

Für die Kräutercroutons
4 Scheiben Weißbrot
1 Bund gezupfter Thymian
2 Stängel feingehackter Rosmarin
1/2 Bund gehackte Petersilie
1 Knoblauchzehe
150 g Butter

Ein Rezept von Michael Daus

Duftveilchen – betörender Frühlingsbote

(Viola odorata) Violaceae

Nach winterlichem Weiß und Gelb geht einem mit den ersten bunten Farbtupfern des Veilchens doch einfach das Herz auf! Seiner Erscheinung eilt der verzaubernde Duft im Sonnenlicht voraus und läutet markant den Frühling ein.

Mittlerweile haben sich die heimischen blauen Duftveilchen und die von mir gepflanzten roten Verwandten im ganzen Areal verteilt, nicht zuletzt durch die Hilfe der fleißigen Ameisen. Sowohl unter den Beerenbüschen als auch in weitflächigen Nestern auf dem mageren Rasen scheinen sie sich wohlzufühlen und verströmen an sonnigen Frühlingstagen ihren unvergleichlichen Duft.

Die jungen Triebe, Blätter und Blüten kann man in Salaten und Soßen verwenden und zu Gemüse reichen. Auch die Wurzel kann ab Herbst als Kaffeeersatz geröstet werden, wie man das auch mit Wegwarte- oder Löwenzahnwurzel macht.

Ich bevorzuge allerdings die Blüten, die ich frisch über Salate streue, trockne, verzuckere, kandiere oder in Wein oder Schnaps einlege, um daraus später eine schöne aromatische Zutat für Pralinen, Kuchen, Eis oder Soßen zu haben.

Als besonders feine Zutat verleiht das Aroma der Veilchenblüte Wildkräuterpestos eine delikate Note.

Verzuckerte Veilchen

50 saubere, kleine, blaue, duftende Veilchen
1 ganz frisches Eiweiß
50 g feinster Kristallzucker

■ Mit einem feinen, guten Haarpinsel (er darf keine Haare verlieren!) etwas vom Eiweiß in einem Porzellantellerchen aufschäumen. Sofort die einzelne Blüte damit von beiden Seiten einstreichen und ganz kurz und leicht in den Kristallzucker tupfen. Anschließend auf Pergamentpapier trocknen lassen.

■ Tipp: Statt Panna Cotta mit Spanischem Thymian zu aromatisieren (Rezept siehe Seite 99), kann man auch Veilchen oder Veilchensirup nehmen. Für letzteres nur die Blütenblätter, nicht das Grün verwenden.

Waldmeister – balsamischer Süßer

(Galium odoratum)

Glücklicherweise gibt es wieder Waldmeistereis beim Italiener, das ich mit Schokoladeneis kombiniert zu meiner Standardbestellung gemacht habe, aber bitte mit Sahne. Und die kleinen geheimnisvoll knisternden, sehr einfachen Papiertütchen mit Waldmeister Ahoi-Brause kann man auch immer noch finden.
Wie dem auch sei – wir zaubern uns unsere eigenen Waldmeister Kreationen, sodass im Mai unsere Gäste in den Genuss kommen. Als Kind entdeckte ich Waldmeister in den Hunsrücker Buchenwäldern und nahm ein paar Wurzelausläufer dieses Rötegewächses mit in unserern Garten. Hier teilt er sich nun unter den Beerenbüschen mit Bärlauch und Giersch die halbschattigen Plätze. Mittlerweile hat er sich so schön ausgebreitet, dass wir unsere Cafégäste mit leckeren Waldmeisterspezialitäten verwöhnen können.

TIPP

Im Garten verpflanzt man den Waldmeister am besten über seine Wurzelausläufer unter Laubgehölz. Im Kübel kann er als Bodendecker gehalten werden am Fuße anderer Pflanzen und natürlich geerntet werden. Ich ernte bis spät in die Blütezeit hinein. Um diverse Köstlichkeiten wie Pralinen, Bowle, Torten oder Eis zu zaubern, pflückt man ca. 20 Stängel, lässt sie einen Tag trocknen und verkocht sie dann mit Zucker zu Sirup.

Waldmeistersirup

Basicrezept Sirup siehe Seite 116

- Waldmeister- oder Maikraut etwas antrocknen lassen, dann mit dem Nudelholz walken, in ein verschließbares Glas füllen, mit Wein auffüllen und ca. 3 Tage ziehen lassen.

- Die Flüssigkeit abseihen und in einem Topf mit 1 l Wasser und 200 g Zucker zu Sirup kochen, in Flaschen füllen, verschrauben.

Frischer Kräutertee: Maigas Gefährten-Mischung

- Zu gleichen Teilen mischen: Brennnessel, Engelwurzblätter, Frauenmantel, Gänseblümchen, Giersch, Hirtentäschel, Rosenblüten, Monarde, Katzenminze, Weidenröschen und Zitronenmelisse, etwas Oregano, Petersilie, Rose, Rosmarin und Schafgarbe und Weidenröschen

Klassische Duftrosen

Besonders die Gallicarosen, Moosrosen, Albarosen, Damaszenerrosen oder Centifoliarosen erfreuen uns mit ihren intensiven und schweren Düften. In unserem Garten wachsen diverse alte Sorten, die wir wurzelecht, das heißt nicht veredelt, erhalten haben. Sie blühen zwar nicht so oft wie moderne Rosen, dafür sind sie aber sehr robust und genügsam. Im Juni beginnen sie zu blühen, und es vergeht dann kein Tag, an dem ich nicht unter den Rosenbögen innehalte, um ihre verschiedenen Aromen zu genießen.
Ich sammle die ganzen Blüten, um sie rasch als Wintervorrat auf einem Dörraparat zu trocknen. Mit ganzen Rosenblüten bestücke ich meine Tees oder köchele meine Balsame damit.
Frisch landen sie in der Sahnetorte, im Eis, im Sirup, in Marmeladen und Soßen.

Roseneis

100 g Zucker
100 ml Wasser
1 Handvoll Rosenblütenblätter
1 EL Rote-Bete-Saft
500 g Sahne
250 g Joghurt

■ Etwas Wasser aufkochen, den Zucker darin auflösen und einkochen lassen. Anschließend gut abkühlen.

■ Rosenblütenblätter, Rote-Bete-Saft und Zuckerwasser miteinander pürieren. Zusammen mit der Sahne und dem Joghurt in der Eismaschine verrühren, bis die gewünschte Konsistenz erreicht ist.

Rosensahnetorte

Für den feinen Biskuitboden
5 Eier
1 Prise Salz
200 g Zucker
200 g Mehl
4 EL Flüssigkeit (z. B. Milch, Wasser, Rosenwasser, Saft o. ä.)

Für die Käsesahnefüllung
500 g Sahne
500 g Quark
100 g Zucker und Geliermittel
200 ml Rosensirup (Basicrezept Sirup siehe Seite 116)
reichlich frische Rosenblüten

■ Den Ofen auf 150 °C vorheizen. Die Eier trennen. Die Eiweiß mit etwas Zucker und einer Prise Salz steif schlagen. Die Eigelbe mit dem restlichen Zucker solange schlagen, bis die Masse hell ist. Etwas Flüssigkeit unterrühren, dann das Mehl hineinsieben und einrühren. Nun vorsichtig den Eischnee unterheben. Den Teig in eine gefettete Springform füllen und sofort im vorgeheizten Ofen ca. 25 Minuten backen. Danach kurz im Ofen stehen lassen, dann herausnehmen, den Boden vom Rand lösen und auf ein Rost stürzen. Nach dem Erkalten in 2 bzw. 3 Schichten schneiden.

■ Für die Füllung die Sahne steif schlagen. In den Rosensirup Zucker und Geliermittel hineinrühren. Anschließend den Quark hinzufügen und die geschlagene Sahne unterheben. Etwas Sahne zum Verzieren in einen Spritzbeutel füllen.

■ Den Mürbteigboden auf eine Tortenplatte legen, mit Marmelade bestreichen und die erste Biskuitplatte aufdrücken. Einen Tortenring umlegen. Dann ein Drittel bzw. die Hälfte der Crememasse aufstreichen und die zweite Biskuitplatte aufsetzen.

■ Bei drei Schichten die Hälfte der restlichen Creme aufstreichen und die dritte Biskuitplatte aufsetzen. Den Rest der Creme auf dem obersten Boden verstreichen. Mit Sahne und frischen Rosenblütenblättern verzieren, kühl stellen und fest werden lassen.

1 Mürbteigboden
100 g Marmelade zum Beispiel Rosengelee oder Quittengelee

Tipp

Für eine Waldmeistertorte wie auf Seite 43 den Rosensirup m Waldmeistersirup ersetzen.

Rosen-Holunderblüten-Likör

Für 1 l

3 Holunderblütendolden
7–8 ungespritzte Duftrosenblüten
7–8 Lavendelblüten
1 Vanilleschote
250 g weißer Kandis
700 ml Vodka

■ Die Holunderblüten von den Dolden abschneiden, die Rosenblüten säubern und die Blütenblätter abzupfen. Rosen und Holunder nicht waschen!

■ Die Vanilleschote der Länge nach aufschneiden und das Mark herauskratzen.

■ Alle Blüten schichtweise in eine Glaskaraffe legen, das Vanillemark und den Kandis dazugeben. Mit dem Vodka übergießen. Die Karaffe abdecken und für mindestens 1 Woche an einen warmen Ort stellen. Die Karaffe täglich etwas schütteln damit sich die Aromastoffe besser lösen.

■ Nach dem Ziehen den Likör durch einen Kaffeefilter gießen und nochmals 3 Wochen nachreifen lassen. Anschließend in Flasche füllen.

Tipp

Den Likör kann man pur oder auf Eis als Digestif reichen. Mit Prosecco oder Sekt gemischt kann er auch als Aperitiv serviert werden. Als Garnitur passen Rosenblüten.

Ein Rezept von Marta Meli-Czeburko

Die Schirmherrschaft der Doldengewächse

Eines Tages fragte mich jemand, warum es wichtig sei, die Pflanzen in Familien einzuteilen, und ich hatte natürlich zunächst keine Antwort darauf. Wenn ich in einer mir unbekannten Gegend spazierengehe und mein Blick sich wie üblich auf Pflanzen richtet, kann ich durch meine Kenntnisse der Pflanzenfamilien Gemeinsamkeiten erkennen. Es ergibt ein größeres Bild und scheint in einem größeren Zusammenhang zu stehen. Beim Betrachten einer fremden Pflanze eröffnen sich dabei diverse Welten und Urteile in meinem Kopf, wie etwa die Essbarkeit, Beschaffenheit oder Lebensweise der Pflanze. Dabei scannt mein Auge immer besonders gerne und flink die Doldengewächse, die es mir aus unerfindlichen Gründen besonders angetan haben. Die Familie der Doldengewächse ist uns kulinarisch keineswegs unbekannt: Anis, Dill, Fenchel in seinen verschiedenen Formen als Tee oder Gemüse, Karotten, Kerbel, Kümmel und Kreuzkümmel, Koriander, frisch oder als Samen, Liebstöckel, Pastinaken, Petersilie, Sellerie. Ich stelle ein paar weniger bekannte Vertreter vor.

Bärenklau – zarter Verführer

Wiesenbärenklau (Heracleum sphondylium) Apiaceae

Achtung

Bitte nicht mit Riesen-Bärenklau (*Heracleum mantegazzianum*) verwechseln, der, einst als Zierpflanze eingesetzt, unsere Gärten und Landschaften eroberte und nun allerortens vernichtet wird, weil man sich bei Berührung böse Verbrennungen zuziehen kann.

Pflanzensämlinge aufgehen zu sehen, nachdem man sie gesät und gegossen hat, ist schon etwas Erhebendes. Wenn sich aber die wirklich niedlichen, winzigen Bärenklautatzen aus den zwei typischen Doldengewächskeimblättern entfalten, ist mein Entzücken kaum zu halten! Unser heimischer „kleiner" Wiesenbärenklau ist in allen Teilen essbar und soll sogar aphrodisierend wirken. Sein russischer Name Borschtschjewik verweist auf die nach ihm benannte Borschtschsuppe und in seinem lateinischen Namen als Herkulesstaude schwingt vielversprechende Kraft. Seine schönen großen Doldenblüten duften leicht süßlich-aromatisch und die Samen erinnern ein wenig an eine Mischung aus Koriander und Liebstöckel. Ganz hervorragend schmecken die frisch aufgeblühten Dolden in Pfannkuchenteig gebacken, so wie man es traditionell mit Holunderblüten macht, aber als gemüsig zarte Verführung!

Bärenklauküchlein

1/2 l Milch
200 g Mehl
3 Eier
1 Prise Salz
1 Schuss Öl
ca. 25 Bärenklaublütendolden

■ Aus Milch, Mehl, Eiern, Salz und Öl einen Pfannkuchenteig anrühren.

■ Dolden vom heimischen Wiesenbärenklau leicht abklopfen und in den Pfannkuchenteig tauchen. In einer Pfanne mit reichlich Öl ausbacken, eventuell mit Puderzucker bestreuen.

Tipp

Klassischerweise kennt man das auch mit Holunderblüten …

Giersch – tiefgründig-sensibler Kraftakt

(Aegopodium podagraria) Apiaceae

Tipp

Ich verwende die ersten, hellgrünen, noch zusammengeklappten und durchscheinenden Blättchen und schneide oder mähe alle paar Wochen den ganzen Bestand zurück, um immer wieder feine kleine Blättchen ernten zu können.

In Frankreich ist der Giersch auch „la petite Angelique“: die kleine Schwester der Engelwurz, was ich besonders nett und gerechtfertigt finde! Allerdings ist der „Ground elder“, wie er in England heißt, für viele Gärtner auch ein lästig wucherndes Kraut. Doch die ungeheuerliche Kraft, die in jedem noch so kleinen Wurzelstückchen steckt, sollten wir uns schließlich, nachsichtig lächelnd, einfach einverleiben und zwar so viel wir können.

Nach herber Möhre schmeckend, für süße und herzhafte Speisen geeignet, entpuppt sich der Giersch als vorzüglicher Begleiter und Hauptdarsteller in einer Fülle von Speiseideen. Wir könnten wahrscheinlich ein ganzes Buch mit Rezepten füllen und beschränken uns hier auf unsere Lieblingsspeisen, wie Möhren-Giersch-Kuchen und Gierschquiche. Aber versuchen Sie selbst Maultaschen oder Ravioli mit Giersch zu füllen! Ein Gedicht!

Gierschquiche

Für den Teig
250 g Mehl
130 g Butter
90 ml Wasser
1/2 TL Salz

Für die Füllung
2 Handvoll junge Gierschblätter
je 1 Handvoll geschnittenen Lauch, Liebstöckel, Kräuter nach Wahl
250 ml Gemüsebrühe
200 g Schmand oder Crème fraîche
3 Eier
Salz, Pfeffer
Muskatnuss

■ Aus Mehl, Butter, Wasser und Salz einen glatten Teig kneten, in Folie wickeln und eine halbe Stunde kühl lagern. Dann ausrollen und in eine vorbereitete Springform legen. Giersch und Kräuter darauf verteilen.

■ Den Ofen auf 150 °C vorheizen. Die Gemüsebrühe mit dem Schmand und den Eiern verquirlen und mit Salz, Pfeffer und Muskatnuss würzen. Alles über den Giersch gießen. Im vorgeheizten Ofen ca. 1 Stunde backen, bis die Eimasse gestockt ist.

Bärwurz – filigranes Würzwunder

(Meum athamanticum) Apiaceae

Ein lieblich feingliedriger Geschmack von Fenchel, Kümmel und Liebstöckel lässt verwundern, wenn man von der überwältigenden Bärwurz kostet. Mit grasgrünen, dichten und struppigen Blättern, ähnlich dem Dill, nur etwas verästelter, steht die Bärwurz wochenlang aufrecht unscheinbar im Beet. Ihre doldigen Blüten hält sie versteckt und bisher hat sie mir noch keine Samen geschenkt. Vielleicht mag sie den Boden und das Klima im Hunsrück nicht, kommt sie doch eher aus höheren Gebirgslagen, wie zum Beispiel den Alpen oder dem schottischen Hochland, wo sie auch reichlich genutzt wird oder wurde.
Mittlerweile konnte ich meine einzige Staude erfolgreich teilen und hoffe nun, dass ich ein wenig mehr ernten darf – um meine Gourmetkunden mit der Würzvielfalt der Bärwurz zu verwöhnen.
Es gibt einige Schnäpse, die „Bärwurz" heißen und auch tatsächlich aus Bärwurz, aber auch aus seiner Verwandten der Alpen-Mutterwurz (*Ligusticum mutellina*) hergestellt werden.

Für 4 Personen

- 500 g Karotten
- 4 klein geschnittene Schalotten
- 1 Stück Ingwer
- Salz, Pfeffer
- 300 ml Milch
- 100 ml Wasser
- 1 Spritzer Balsamico
- 80 ml Olivenöl
- je 1/2 Bund Süßdolde, Bronzefenchel, Giersch und Kerbel
- 1/2 Blatt Koriander
- 100 ml Sahne

Ein Rezept von Michael Daus

Doldensüppchen mit Möhren

■ Die Karotten putzen und in Scheiben schneiden. Den Ingwer schälen und fein hacken.

■ Die Schalottenwürfel farblos scharf anschwitzen und die Karottenscheiben und den Ingwer hinzugeben. Mit Salz und Pfeffer abschmecken und die Karotten leicht schmoren lassen.

■ Danach mit Wasser ablöschen, etwas einkochen lassen und dann mit Sahne und Milch aufgießen. Die Karotten so lange köcheln lassen, bis sie gar sind, und dann im Küchenmixer fein pürieren. Währenddessen das Olivenöl nach und nach hinzufügen.

■ Die Suppe wieder in einen Topf geben. Die Kräuter waschen, trocken tupfen und grob klein schneiden. Zur Suppe geben und einmal aufkochen. Die Hitze zurücknehmen und 5 bis 6 Minuten ziehen lassen.

■ Danach durch ein Sieb passieren, mit einem Spritzer Balsamico abschmecken und in tiefen Tellern anrichten.

Wiesenkerbel – möhrig Wilder

(Anthriscus sylvestris) Apiaceae

Auch der schon ab Mai blühende Wiesenkerbel ist eines der vielen wilden Kräuter, die ich niemals im Garten ansiedeln musste. Neben Giersch, Brennnessel, Löwenzahn, Spitzwegerich und Sauerampfer ist er ein treuer Gartenfreund, der schon in diesem Garten meiner Eltern lebte, als ich noch mit Spielzeug oder meinen Meerschweinchen darin spielte. Dabei übernahm der Fleck mit Wiesenkerbel die Rolle eines gigantischen geheimnisvollen Farnfeldes.

Diesen rauen Doldenblütler, mit eingekerbtem Stiel, kann man leider mit giftigen oder ungenießbaren Verwandten verwechseln. Mit der einjährigen Hundspetersilie (Aethusa cynapium) etwa, die an Ackerrändern und im Garten immer wieder über Sommer aufkeimt und schnell in Blüte geht. Und mit dem gefleckten Schierling (Conium maculatum), den ich bisher nur an trockenen Uferrändern gesehen habe, wo er über 2 m hoch werden kann und ab Juli etwa blüht. Diese beiden giftigen Pflanzen haben allerdings glatte, runde Stängel, der Schierling zudem auch rote Flecken, und riechen nicht oder nicht gut. Wer sich aber unsicher ist, lässt den Wiesenkerbel lieber stehen oder kauft sich eine Staude.

Wie immer werde ich in englischen Saatgutkatalogen oder Kräutergärtnereien spezieller Pflanzen fündig. So fand ich einen sehr schönen roten Wiesenkerbel namens „Ravens Wing", der nun aus reiner Zierde meine Beete beehrt. Sein kräftiger Möhrengeschmack und die stabilen Blätter, die stark dem Möhrenlaub ähneln, sind in der Restaurantküche begehrt, nicht nur als Deko, sondern auch Geschmacksgeber für deftige Suppen, Pestos und Salate.

500 ml Kefir
300 g gemischte Kräuter nach Belieben
1 große Karotte
1 kleine Gurke
1 EL Mandelmus oder Mandeln
1 Prise Salz
1 Schuss Agavendicksaft oder Honig
1 Schuss Zitronensaft oder etwas Zitronenverbene

Kräutersmoothie mit Kefir

■ Zunächst die Gurke und die Möhre waschen, schälen, in kleine Stücke schneiden.

■ Ebenso die Kräuter und alles zusammen im Mixer pürieren.

■ Danach Kefir, Mandelmus, Salz, Süße und Zitronensaft zufügen und noch einmal kräftig mixen.

Tipp

Ich nehme immer mal wieder ein anderes Kraut pur. Meine Lieblingsmischung besteht aber immer aus diversen Doldengewächsen, vor allem Giersch, Süßdolde und Wiesenkerbel. Sehr gut eignen sich auch Brennnesseln mit einem Hauch Minze.

Engelwurz – himmlische Königin der Kräuter

(Angelica archangelica) Apiaceae

Am Beispiel der Engelwurz kann ich behaupten, dass Schnecken statt zu zerstören, im Gegenteil, lebenswichtige Impulse geben können. So fraßen mir einst die Nacktschnecken eine ganze Palette getopfter Engelwurzschösslinge zu Grunde. Doch nach einigen Wochen erwuchsen den vergessenen Töpfchen kräftige dunkelgrüne Pflanzen, die nie wieder von Schnecken angenagt wurden. Trotz ihrer majestätischen Größe findet die Engelwurz auch in kleinen Gärten einen bescheidenen Platz, um ihre großen umarmenden Blätter schützend zu entfalten. Ob man sie nun kulinarisch verwendet oder nicht – ich finde sie auch einfach nur schön anzusehen! Manchmal pflanze ich ganze Reihen als Sichtschutz oder um ihre engelhafte Gestalt zu bewundern. Im ersten Jahr kann man genügend Blätter sammeln, die Stängel kandieren und den Rest für Wintertee trocknen – meine erste Hilfe gegen Magenschmerzen oder Schlappheit. Im zweiten oder dritten Jahr blüht die Engelwurz dann mit einer großen kugeligen Dolde und betrachtet man sie beiläufig aus dem Augenwinkel, hat man wirklich manchmal das Gefühl ein Engel stehe mitten im Garten.

Tipp

Für schnelles Kandieren die Engelwurzstängel in Scheibchen schneiden und in Läuterzucker köcheln. Klassischer Weise nimmt man für Läuterzucker je 1 Teil Wasser und Zucker und köchelt die Mischung, bis sich der Zucker aufgelöst hat. Kandiertes eignet sich für alle möglichen Naschereien, wie Kuchen, Pralinen, in Marmeladen oder Chutneys.

Käsekuchen mit kandiertem Engelwurz

Für den Mürbteig
150 g Dinkelmehl
50 g Zucker oder Honig, 100 g Butter
1 Prise Salz

Für den Belag
700 g Quark
4 Eigelb
50 g Stärkemehl
50 g Zucker oder Honig
1 Gläschen kandierte Engelwurzstängelstückchen
4 Eiweiß

Kandieren siehe Tipp oben

■ Die Zutaten für den Mürbteig verkneten, in Frischhaltefolie wickeln und 30 Minuten im Kühlschrank ruhen lassen.

■ Den Ofen auf 150 °C vorheizen. Ein Springform buttern und mit Mehl ausstreuen. Den Teig ausrollen, in die Springform drücken und ca. 20 Minuten vorbacken.

■ Die Eiweiß steif schlagen. Die Eigelbe mit dem Zucker schaumig rühren und den Engelwurz untermischen. Nach und nach den Quark dazugeben, dann das Stärkemehl einarbeiten und zuletzt den Eischnee unterheben. Auf den Mürbteigboden geben und im vorgeheizten Ofen ca. 1 Stunde backen, bis eine leichte Bräune entstanden ist (Stäbchenprobe machen).

Variante

Statt Engelwurz kann man auch Zitronenbohnenkraut klein geschnitten dazurühren und etwas gemahlenen Pfeffer. Statt 50 g Zucker dann 100 g Zucker oder Honig nehmen.

Engelwurz-Fruchtauflauf

2 Birnen
2 Äpfel
2 Quitten
20 Zwetschgen
100 ml Saft oder Wein
100 g Engelwurzstängel
100 g Honig
je 1/2 TL Kreuzkümmelsamen, Anissamen, Fenchelsamen, Pfefferkörner
4 Eier
etwas Butter

■ Obst waschen, klein schneiden, in etwas Saft oder Wein weich kochen, aber nicht zerfallen lassen.

■ Engelwurzstängel in kleine Ringe schneiden und in geschmolzenem Honig auf kleiner Flamme kandieren. Die Samen im Mörser zerstoßen.

■ Den Ofen auf 150 °C vorheizen. Die Eier verquirlen und Engelwurz sowie die Gewürze dazugeben. Das Obst in eine gebutterte Form geben und die Eimasse darübergießen.

■ Im vorgeheizten Backofen ca. 1 Stunde backen, bis das Ei gestockt ist

Engelwurz-Fruchtaufstrich

Für ca. 10 Gläser à 200 g
je 1 kg Zwetschgen und Äpfel
ca. 700 g Gelierzucker 2:1
je Glas 1 geh. EL kandierte Engelwurzstängel

■ Im Dampftopf Zwetschgen und Äpfel mit etwas Wasser aufkochen und abdampfen lassen. Durch ein Sieb streichen und gut abtropfen lassen, den Saft dabei auffangen.

■ Die Gläser heiß ausspülen und gut trocknen lassen. Den gewonnenen Saft mit dem Gelierzucker nach Packungsangabe mischen und aufkochen lassen. In die vorbereiteten Gläser füllen, je 1 EL kandierte Engelwurzstängel einrühren und zuschrauben.

Fenchel – süßer Magenwärmer

(Foeniculum vulgare) Apiaceae

Bronzefenchel

(Foeniculum vulgare v. rubrum) Apiaceae

Zwar ist der rote Fenchel nicht so robust wie sein grüner Bruder, der sich mit seiner langen Pfahlwurzel tief im Boden verankert, um jahrelang an der selben Stelle im Garten zu stattlicher Größe zu reifen, aber vom Geschmack scheint ersterer fast feiner zu sein. Jedenfalls sind seine rötlich-braunen Blattwedel eine schöne Abwechslung. Auf den gelben Blütenschirmen beider Arten herrscht oft reges Insektentreiben, allen voran die Schwebfliegen. Als Gemüsefenchelvariation und als typischer Magen- oder Babytee kennen wir die Fencheleigenschaften und sein unverkennbares Aroma. Mit dem Gedanken an Fenchel verbinde ich immer das Bild, in kalter Jahreszeit unter einer Decke gekuschelt zu liegen, beide Hände um eine dampfende Tasse Tee, den Duft der Wärme wirken zu lassen.

vegan

Dinkel-Dolden-Bratling

250 g Biodinkelflocken
250 ml heißes Wasser
je 25 g Sesam, Sonnenblumenkerne, Leinsamen, Mandelblättchen
10 g Fenchelblätter
je ca. 5 g Petersilie, Koriander, Nadelkerbel, Kerbel, Giersch, Wiesenkerbel, Liebstöckel, Schnittlauch
je 30 g Möhre, Pastinake, Sellerie
Salz, Pfeffer, Muskatnuss
etwas Rapsöl oder Olivenöl

- Flocken mit dem heißen Wasser und Salz aufgießen und mindestens 1 Stunde ziehen lassen.
- Gemüse und Kräuter waschen, abtrocknen und klein hacken. Mit den Flocken und den Kernen mischen und alles würzen. Etwas ziehen lassen und nochmal abschmecken, dann gut durchkneten.
- Aus der Masse Bratlinge formen und in einer Pfanne in etwas Öl bei mäßiger Hitze von beiden Seiten goldbraun braten.
- Mit Wildkräutersalat oder einem anderen Salat anrichten.

Koriander – goutiert oder degoutiert

(*Coriandrum sativum*) *Apiaceae*

Die üppige Verwendung von Koriander findet man eher in südlichen Gefilden und auch die Antike war wohl nicht gerade sparsam im Umgang mit einem meiner Lieblingskräuter. Immer auf der Suche nach diesem Aroma und nach essbaren Doldengewächsen brachte mir eine Freundin aus Puerto Rico einen Verwandten des Korianders mit. Der im Mexikanischen als Cilantro bezeichnete Koriander und sein Vetter der Culantro (*Eryngium foetidum*), auch Recao genannt, verströmen beide wundervollen Korianderduft. Intensives Korianderaroma wohnt auch dem aus Asien stammenden Knöterichgewächs Vietnamesischer Koriander (*Polygonum odoratum*) inne wie auch dem mehrjährigen Eidechsenschwanzgewächs Vap Cha bzw. Chamäleonpflanze (*Houttuynia cordata*), die sich beide wunderbar auch bei uns anbauen lassen.

Maigas Korianderbrot

vegan

350 g Dinkelmehl
(100 g feines und
250 g grobes Mehl)
150 ml lauwarmes
Wasser oder Hafer-,
Dinkelmilch oder
ähnliches
10 g frische Hefe
1 TL Zucker
2 TL Salz
1 Handvoll frischen
Koriander
Oder:
25 g Koriander
10 g Anis
10 g Fenchel
10 g Kümmel

■ Alle Zutaten mischen und gut kneten, dann 1 Stunde zugedeckt an einem warmen Ort gehen lassen.

■ Anschließend noch mal in Form bringen und in eine gefettete Kastenform geben. Die Kastenform in den kalten Ofen stellen und den Ofen auf 220 °C aufheizen. Das Brot etwa 60 Minuten backen.

■ Wenn der Ofen aufgeheizt ist, eine Schale mit kochendem Wasser auf den Ofenboden stellen.

Besser als mit Hefe finde ich das Brot mit Dinkelsauerteig, den ich genauso wie Hefe in die Mischung knete. Aber dann lasse ich das ganze 1 Tag lang gehen. Am nächsten Tag knete ich nach Bedarf noch einmal etwas Mehl unter und lasse es bei 30 °C in einer Kastenform im Ofen gehen. Nach ca. 30 Minuten backe ich das Brot dann bei 220 °C für ca. 20 Minuten und dann noch einmal mindestens 1 Stunde bei ca. 170 °C. Dinkelsauerteig gibt's in der Tüte im Bioladen.

Schweinefilet am Stück im Kräuter-Speckmantel

Für 4 Personen

4 Schweinefilet-Mittelstücke à 150 g
16 Scheiben Bacon
frische Küchenkräuter wie Dill, Thymian, Petersilie, Koriander, Rosmarin
Salz, Pfeffer

Ein Rezept von Sebastian Schuff

■ Die Kräuter waschen, abtropfen lassen, zupfen und fein hacken. Den Ofen auf 180 °C vorheizen.

■ Je 4 Scheiben Bacon nebeneinander überlappend auslegen. Die Kräuter darauf verteilen, sodass ein Kräuterteppich entsteht. Eine Seite frei lassen.

■ Die Schweinefiletstücke mit Salz und Pfeffer würzen und auf den Kräuterteppich legen. Nun mit etwas Druck aufrollen und die Enden andrücken.

■ In einer heißen Pfanne rundherum anbraten, beginnend mit der Nahtstelle. Anschließend im vorgeizten Ofen ca. 15 Minuten garen.

■ Dann herausnehmen, etwas ruhen lassen und diagonal aufschneiden. Dazu passen etwas dunkle Soße, gebuttertes Kartoffelpüree und grüne Bohnen.

Liebstöckel – Suppenmeister

(Levisticum officinale) Apiaceae

In manchen Gärten scheint der Liebstöckel zu wuchern, aber so üppig, wie wir ihn gerne nutzen würden, will er in unserer Nähe offensichtlich nicht wachsen. Wohl gelingen mir Sämlinge und Setzlinge für den Weiterverkauf, doch kein Platz in unserem Gelände scheint ihm zu behagen, obwohl er nicht ganz verschwindet und ich immer genug Saatgut zur Verfügung habe.
Bekannt als „Maggikraut", in der römischen Küche vor allem als Samen verwendet, ist er nicht nur Suppenwürze, sondern auch geschmacksverstärkend, wenn man ihn sparsam verwendet. So gesehen passt er zu fast allem und lässt sich auch, wenn man den Geschmack mag, zu eigenen Gerichten komponieren, oder vielleicht in einer Panade? Würde doch gut zu einem Thanksgivingsmahl passen.

Fünf-Dolden-Dip

250 g Quark
250 g Frischkäse
200 g Crème fraîche
je 1 Handvoll Liebstöckel, Petersilie, Fenchel, Dill, Schnittlauch und Bärwurz (stattdessen Kerbel und/oder Koriander)
1 EL Senf, Salz, Pfeffer
nach Bedarf etwas Sahne oder Öl

■ Die Kräuter waschen, trocknen und fein hacken. Quark, Frischkäse und Crème fraîche mit den gehackten Kräutern und dem Senf verrühren. Mit Salz und Pfeffer abschmecken. Wenn die Masse zu fest sein sollte, etwas Sahne und Öl dazugeben.

Tipp

Passt zu jungen, zarten Zucchini, Gurken, Möhren, Stangensellerie oder Knollenfenchel.

Nadelkerbel oder Venuskamm – unscheinbare Edelwürze

(Scandix pecten-veneris) Apiaceae

Tipp

Da der Nadelkerbel kaum durch Zeit und Platz beschränkt scheint, können wir ihn leicht in Kübeln oder Kästen ziehen. Es lohnt sich, seine bescheidene Eigenständigkeit im Garten zu erlauben.

Vom ersten Tag an schien sich der winterrobuste Nadelkerbel in meinem Garten wohl zu fühlen und wächst und blüht und sät sich überall aus, wo er ein freies Fleckchen Erde erwischt. Mehrmals im Jahr entdecke ich neue Sämlinge, und da er so klein ist, passt er irgendwie auch überall dazwischen. Kaum ist er gekeimt, kann man auch schon die ganze Pflanze ernten, samt Blüten, Blatt und Stiel. Seine filigranen, dillähnlichen Blättchen schmecken zugleich nach Möhre, Kümmel, Sellerie und Petersilie und sind wie letztere auch gut zu verwenden, während die Samen eher durch Kümmelaroma beherrscht sind.

Kartoffelplätzchen mit Nadelkerbel

300 g Kartoffeln
1 Zwiebel
1 Handvoll Nadelkerbel
1 Stück Butter
Salz, Pfeffer, Muskatnuss
Ghee (Butterreinfett) zum Braten

- Kartoffeln in der Schale kochen, heiß pellen und gleich mit der Zwiebel und dem Nadelkerbel durch den Fleischwolf drehen. Butter dazugeben, würzen, leicht verkneten und kühl stellen.

- Aus der Kartoffelmasse Plätzchen formen und in Ghee von beiden Seiten goldbraun braten.

Petersilie – geliebtes Allerweltskraut

(Petroselinum crispum) Apiaceae

Nichts scheint selbstverständlicher und universeller als die gute alte Petersilie. Aber ich glaube, sie wäre erst wieder in aller Menschen Gedanken und Munde, wenn sie plötzlich nicht im Supermarkt oder Wochenmarkt feil geboten würde. Wo bleibt das obligatorische Petersilienblättchen am Tellerrand in jedem guten Restaurant? Über die Petersilie denkt man nicht nach, sie gehört einfach dazu!

Aber warum eigentlich? Sie lässt sich ganz und gar auf unser Spiel ein. Sie gedeiht das ganze Jahr, wo auch immer man sie platziert und wächst und wächst und wächst. Selbst im Winter kann man sie ziehen, auf der Fensterbank. So problemlos ist fast kein anderes Kraut. Und doch zickt sie bei manchem Gärtner herum, so wie bei mir der Liebstöckel.

Und dann schmeckt sie doch zu fast allen Gerichten, nicht wahr? Sie passt sich nicht nur als Pflanze der Umwelt an, sondern auch jedem Gericht, verstärkt das eine, verfeinert das nächste und mildert ein anderes, ohne selbst je die Hauptrolle zu spielen.
Aber das könnte sie auch! Geben wir doch einmal richtig viel Petersilie an frische Kartoffeln, einfach nur mit Butter! Veganern empfehle ich statt Butter weißes Mandelmus und schon wird die Petersilie präsent. Wir geben es zu, sie ist unschlagbar!

Petersiliennudeln

vegan

Für 4 Personen

3 Bund Petersilie
etwas Wasser
300 g Dinkelmehl
100 g Hartweizengrieß oder Hartweizenmehl
(ohne Nudelmaschine: etwas Buchweizenmehl)

■ Die Petersilie grob hacken und ganz fein pürieren, eventuell mit etwas Wasser, damit das Pürieren leichter geht. Am Ende sollten es aber höchstens 200 ml Flüssigkeit inklusive der Petersilie sein.

■ Das Dinkelmehl mit dem Hartweizengrieß mischen und mit der Petersilien-Wasser-Mischung zu einem glatten Teig kneten. Ist der Teig zu fest, noch tröpfchenweise Wasser zugeben. Wenn der Teig zu klebrig ist, noch etwas Mehl unterkneten.

■ Den Teig mit einer Nudelmaschine verarbeiten oder sehr dünn ausrollen und zu Bandnudeln schneiden. Ich halbiere den Teig und rolle ihn sehr dünn mit dem Nudelholz aus.

■ Wird die Fläche zu groß kann man über den ausgerollten Teig Buchweizenmehl geben, ihn zusammenklappen und wieder vorsichtig ausrollen. Dann kann man ihn wieder einklappen und mit Buchweizenmehl bestreuen, damit der Teig nicht zusammenklebt. So entsteht eine Rolle, die man am Ende in feine Bandnudeln schneiden kann.

■ Die fertigen Nudeln kann man trocknen oder frisch in einem großen Topf mit sprudelndem Wasser in ein paar Minuten gar kochen.

Tipp

Wahlweise kann man auch 150 g Flüssigkeit inklusive Petersilie nehmen und dafür etwas Öl und eine Prise Salz.

Parasolpilz mit Petersilie

Für 4 Personen

2 große oder 8 kleine Parasolpilze
100 g Mehl
2 Eier
70 g frisch geriebene Semmelbrösel
30 g frisch geriebener Parmesan
1/2 Bund Petersilie
1/2 Knoblauchzehe
Salz, Pfeffer
Fett für die Pfanne

Ein Rezept von Marta Meli-Czeburko

■ Die Stiele der Pilze entfernen, die Hüte leicht abbürsten und eventuell Nadeln oder kleine Insekten aus den Lamellen entfernen.

■ Die Petersilie waschen, trocken tupfen und fein hacken. Die Knoblauchzehe ebenfalls fein hacken.

■ Die Eier verquirlen. Die Pilze salzen und pfeffern, zuerst im Mehl und dann im verquirlten Ei wenden.

■ Die Semmelbrösel mit Parmesan, Petersilie und Knoblauch vermischen und die Pilze damit panieren.

■ Im heißen Fett von beiden Seiten in 2 bis 3 Minuten knusprig braun backen.

Myrrhenkerbel oder Süßdolde – federleichtes Lakritzbonbon

(Myrrhis odorata auch Scandix odorata) *Apiaceae*

Die heimische Süßdolde ist absolut winterhart, mehrjährig, robust, genügsam, standhaft und einmal im Garten gepflanzt unverwüstlich. Ihre Samen keimen nach leichtem Frostimpuls und so vermehrt sie sich prächtig. Die farnartigen, behaarten, sehr weichen Blätter schmecken süß und erinnern sofort an Anis und Lakritz. Insbesondere die noch grünen, weichen Samen wecken die Geschmacksknospen bei meinen Seminarteilnehmern und erfreuen sich großer Beliebtheit, wenn man nicht gerade Lakritz verabscheut.

Schon im zeitigen Frühjahr kann man die ersten Blättchen zum Süßen und Würzen pflücken, aber erst mit der Rhabarberernte fängt es richtig an, Spaß zu machen, denn die pelzige Säure von diesem Riesenampfer scheint die Süßdolde einfach zu neutralisieren. Am Ende hat man einen feinen Rhabarberkuchen ohne stumpfe Zähne, aber auch ohne Lakritzgeschmack. Dolden und Ampfergewächs vereinigen sich zu einer wundervollen eigenen Komposition – natürlich lecker mit Hefeboden und Streusel oben drauf!

Sirup von der Süßdolde

ERGIBT CA. 1 L

1 Handvoll Süßdolde
1 l Wasser
250 g Zucker

■ Blätter, Stängel und Früchte von der Süßdolde etwas klein schneiden und mit reichlich Wasser ca. 20 Minuten kochen.

■ Dann abseihen und die Flüssigkeit mit dem Zucker köcheln lassen. Anschließend in Flaschen füllen und mit Schraubdeckeln verschließen.

Rhabarberstreuselkuchen mit Süßdolde

3 große Stangen Rhabarber
100 g Zucker
5 Stängel Süßdolde
600 g Mehl
400 g Butter
200 g Zucker

■ Rhabarberstangen waschen und in Stücke schneiden. Die Süßdolde klein schneiden und mit dem Zucker über den Rhabarber streuen. Ziehen lassen, bis sich Saft gebildet hat. Anschließend gut abtropfen lassen.

■ Den Ofen auf 150 °C vorheizen.

■ Mehl, Butter und Zucker zu einem Teig verkneten. Die Hälfte in eine Springform drücken und mit den abgetropften Rhabarberstückchen belegen. Den restlichen Teig als Streusel über den Rhabarber geben. Im vorgeheizten Ofen ca. 1 Stunde backen, bis der Rand goldbraun wird.

■ Die Süßdolde mildert die Herbe des Rhabarbers.

Melde und Co. – die Blattgiganten und andere Fuchsschwanzgewächse

Melde

(Atriplex hortensis) Amaranthaceae

Ohne die Rote Melde gäbe es den Naturkräutergarten wahrscheinlich gar nicht und meine Liebe zur Pflanzenwelt wäre wesentlich ärmer ohne dieses wundervoll schmackhafte Salatwunder. Da ich netterweise mit all diesen Pflanzen auch Geld verdienen darf, habe ich über die Jahre viele Erfahrungen machen müssen, um eine Balance zwischen Pflanzengesundheit, gärtnerischer Nutzbarkeit, Zierde und Gewinn zu erreichen. So wächst die Melde zwar überall und stellt keinerlei Ansprüche, um aber möglichst lange Freude an ihr zu haben, braucht sie Platz, Nährstoffe und Wasser. Viel zu kurz ist die Wachstumsperiode des so begehrten Salat- und Spinatkrautes, dass ich mich immer bemühe so viel wie möglich davon anzubauen. Steht die Gartenmelde zu dicht oder zu trocken, geht sie allzu schnell in Blüte und die Blätter werden zäh. Ihr naher Verwandter, der Riesengänsefuß, auch Baumspinat (*Chenopodium giganteum*) genannt, lässt sich da etwas länger Zeit, wird wesentlich größer und die Blätter sind bis spät in den Herbst zu ernten, auch wenn die Pflanze schon längst Samen angesetzt hat. Vom Geschmack unterscheiden die beiden sich wenig. Vielleicht ist der Riese „Magenta Spreen", der im Gewächshaus über 4 m hoch wurde, etwas nussiger und knackiger, dafür sind die Melden, ob grün, rot, wild oder purpur, einfach zartschmelzender und ein wenig säuerlich. Es lohnt sich aber, die Melden auch als Farbtupfer und zeitweiligen Strukturgeber im Garten zu halten. Kein Salat ist einfacher zu ernten und zuzubereiten. Auch als Spinat, Quiche, Lasagne oder Süppchen ist sie immer wieder schmackhaft und vielseitig. Einerseits neutral und andererseits doch mit eigenem Geschmack aufwartend bleibt die Melde für immer im Bewusstsein des Kräutergärtners und Kochs. Ebenfalls zur Familie der Fuchsschwanzgewächse gehören auch die Rüben (*Beta*), wie Mangold, Rote Bete, Zuckerrübe und Futterrübe, die Amarantsorten, der Spinat (*Spinacia*), der Gute Heinrich oder der Erdbeerspinat.

TIPP

Rote Melde färbt auch Reis oder Nudelteig schön rot.

Meldecremesüppchen

vegan

2 EL Öl
2 Zwiebeln
3 Kartoffeln
6 Handvoll rote und/oder grüne Melde
200 ml Weißwein
1 Schuss Agavendicksaft
Wasser nach Belieben (so dick, wie man die Suppe gerne haben möchte)
Salz, Pfeffer, etwas frischen Liebstöckel oder Muskat, je nach Geschmack

■ Die Zwiebeln klein schneiden und in etwas Öl in einem Topf andünsten.

■ Die Kartoffeln schälen und in hauchdünne Scheiben schneiden und dazugeben, mit Weißwein ablöschen, ein Schuss Agavendicksaft dazu und dann mit Wasser köcheln, bis die Kartoffeln weich sind.

■ Melde und die Kräuter dazugeben, kurz aufkochen lassen, pürieren oder passieren und mit Salz, Pfeffer und Muskat abschmecken.

Guter Heinrich – eherner Gartenfreund

(Chenopodium bonus-henricus)

Erst Katharinas kulinarische Experimente mit dem Guten Heinrich haben mich auf seine Standhaftigkeit und Qualitäten aufmerksam gemacht. Der Ehrgeiz einer Öko-Kräutergärtnerin und die tiefe Liebe zur Vielfalt und Arterhaltung überforderten mich natürlich oft auch. Nicht nur, dass Kräuter einfach nicht gedeihen wollten, es auszuhalten, dass sie einfach wieder verschwinden, war schon manchmal trübsinnig. Doch der Gute Heinrich, den ich roh überhaupt nicht mochte und dem ich auch gekocht als Spinat nichts abgewinnen konnte, weil mir seine Bitterstoffe nicht gefielen, entpuppte sich als einer der hartnäckigsten Burschen überhaupt. Einmal gepflanzt, begnügt er sich voller Dankbarkeit in üppig grünem Wachstum mit dem ihm zugewiesenen Platz und vermehrt sich über Aussamen ganz von selbst.
Um also seine eiserne Treue zu mir und der gesamten Menschheit seit der Steinzeit endlich zu würdigen, empfahl ich Katharina, dieses üppige Blattwerk in einer Speise zu verarbeiten, und siehe da, es entstanden wundervolle Ravioli mit Ricotta-Guter-Heinrich-Füllung.

Guter-Heinrich-Ravioli

Für die Soße
6 Tomaten
1 Möhre
1/2 Lauchstange
4 Stängel Zitronenthymian
3 Schalotten
1 EL Agavendicksaft
1 EL Tomatenmark
150 ml Weißwein
100 g Sahne
Salz, Pfeffer
2 EL Olivenöl

Für die Füllung
400 g junge Guter-Heinrich-Blätter ohne Stängel
250 g Ricotta
2 Schalotten
1 Knoblauchzehe
3 Stängeln Muskatgarbe
2 EL Olivenöl
150 g Parmesankäse
Salz, Pfeffer

Für den Nudelteig
300 g Dinkelmehl
100 g Hartweizengrieß oder Hartweizenmehl
200 ml Wasser
1 Eigelb

■ Für die Soße Schalotten fein würfeln. Möhre, Lauch und Tomaten klein schneiden. Die Blätter vom Zitronenthymian abzupfen.

■ Die Schalotten in etwas Olivenöl anschwitzen. Dann Lauch, Möhre, Tomaten, Agavendicksaft, Tomatenmark sowie Pfeffer und Salz dazugeben und ebenfalls anschwitzen. Das Ganze mit Weißwein ablöschen und mit 100 ml Wasser auffüllen. So lange köcheln lassen, bis die Flüssigkeit auf die Hälfte einreduziert ist.

■ Dann die Sahne und die Blätter vom Zitronenthymian hinzufügen. Wiederum etwa auf die Hälfte einreduzieren lassen.

■ Die Soße anschließend durch ein feines Sieb passieren und das Gemüse gut ausdrücken. Falls nötig, mit ein wenig Speisestärke abbinden. Abschließend mit Salz und Pfeffer abschmecken.

■ Für die Füllung die Schalotten und den Knoblauch schälen und hacken. Die Muskatgarbeblättchen abzupfen und fein hacken. Die Blätter vom Guten Heinrich grob schneiden.

■ Schalotten in Olivenöl glasig anschwitzen, den Guten Heinrich, den Knoblauch und die Muskatgarbe zugeben und ebenfalls anschwitzen, bis die Blätter des Guten Heinrich zerfallen. Mit Salz und Pfeffer würzen. Die Pfanne vom Herd nehmen, den Ricotta unterheben und das Gemisch abschmecken und beiseitestellen.

■ Für den Ravioliteig die beiden Mehlsorten mischen und mit dem Wasser zu einem glatten Teig verkneten. Den Teig portionsweise auf einer bemehlten Arbeitsfläche zu ca. 2 mm dünnen Platten ausrollen. Auf einer Teighälfte etwa alle 5 cm einen walnussgroßen Klecks der Füllung setzen.

■ Das Eigelb mit der Gabel verquirlen. Die Teigränder dünn mit dem Eigelb bepinseln, damit sie gut aneinander kleben. Nun die andere Teighälfte darüberklappen und den Teig um die Füllung mit den Fingern andrücken. Quadrate ausschneiden und die Ränder mit einer Gabel andrücken. Mit den übrigen Teigportionen ebenso verfahren. Die Ravioli in reichlich Salzwasser ca. 5 bis 7 Minuten kochen. Dann abgießen und etwas Butter zugeben.

■ Für das Pesto die Blätter in einem hohen Rührbecher pürieren. Nach und nach die übrigen Zutaten bis auf den Parmesan untermixen. Zum Schluss den Parmesan unterrühren und abschmecken.

■ Die Ravioli mit der Tomatensahne anrichten und den Parmesan darüberhobeln. Dazu das Zitronenpesto reichen.

Für das Pesto
2 EL Pinienkerne
75 g Basilikum
Blätter von je 5 Stängeln Zitronenthymian und Zitronenbergbohnenkraut
1/2 TL Salz
etwas Pfeffer
2 EL frisch geriebener Parmesan
200 ml gutes Olivenöl

Ein Rezept von Katharina Schnabl

Erdbeerspinat – originelle Gaumenfreude

(Chenopodium foliosum), (Chenopodium capitatum) Chenopodioideae

Die beiden Erdbeerspinatsorten bereichern die Gartenvielfalt, den Speisenplan und natürlich den Gaumen! Es ist schlicht und einfach schön, im Laufe der Jahre so viele Variationen an Pflanzen kennenzulernen, mit denen man Salate und Spinate abwandeln kann. Zwar lassen die beiden sich leicht anbauen, aber damit man auch ergiebig Blätter ernten kann und die Pflanzen nicht allzu schnell in ihre Blüte gehen, muss man sie in üppigem Boden stetig feucht halten. An den leuchtend roten, maulbeerartigen Fruchtknötchen hängen nämlich auch gleich die Samen, die sich sehr rasch selbst aussäen und so verliert man den Erdbeerspinat nicht mehr aus dem Garten.

Die zunächst unscheinbaren, gezackt herzförmigen Blättchen verwandeln sich mit ihrem lieblich interessanten Salatgeschmack zu einem seltenen Erlebnis. Leicht nussig, cremig und in einer Leichtigkeit sehr präsent möchte ich diese Gaumenfreude nicht mehr missen. Ich esse die meisten Pflanzen ja am liebsten roh als Salat – aber natürlich verrät der Name hier schon seine Verwendung in der Küche und schmeckt natürlich auch ein Spinat pur oder als Mischung mit Melde oder Brennnessel. Mit den hübschen beerigen Ranken zaubert man noch eine leuchtende Tischdekoration und verziert den Salat mit den leicht süßlich-salatigen Früchten oder macht ein rotes Schäumchen aus selbigen als Topping für das Erdbeerspinatsüppchen.

Tipp

Ich warte nicht nur im Frühjahr auf Sämlinge wie die der Melde, Knoblauchsrauke oder der mehrjährigen Rucola, sondern pikiere auch immer wieder rund ums Jahr die Sämlinge von anderen Pflanzen, um sie zu topfen oder neu im Garten zu verteilen. Pflanzen blühen und selbst aussamen zu lassen, erspart mir das Säen – und die Pflanzen wissen meistens am besten, wann es zu keimen gilt.

Rés 6 x 6 Bratlinge

vegan

ca. 2 Tassen Gemüsebrühe
6 Kerne: ca. 100 g (gesamt) Mandeln, Aprikosenkerne, Sesam, Sonnenblumenkerne, Pistazien, Pinienkerne, gemahlen oder gehackt
6 Kräuter: ca. 1 1/2 Tassen (gesamt) Petersilie, Lauch, Liebstöckel, Ysop, Majoran, Kerbel
6 Gewürze: Salz, Pfeffer, Muskatnuss, Senf, Paprikapulver
6 Gemüse: ca. 1 Tasse (gesamt) Möhren, Lauch, Kohlrabi, Pastinake, Zucchini, Kürbis, ganz fein geschnitten

■ Die Körner mit der Gemüsebrühe übergießen, etwas ziehen lassen und dann alle anderen Zutaten dazugeben.

■ Alles miteinander verkneten, etwas stehen lassen und abschmecken. Sollte die Masse zu feucht sein, etwas Dinkelmehl dazugeben. Ist sie zu trocken, etwas Wasser oder Brühe dazugeben.

■ Aus der Masse Plätzchen formen und in einer Pfanne von jeder Seite 6 Minuten goldbraun braten.

■ Tipp: Diese kräftigen Bratlinge ergänzen den milden eigenwilligen Erdbeerspinat wunderbar.

Estragon – herbsüßes Aromawunder

(Artemisia dracunculus) Asteraceae

Der robuste und genügsame Estragon in seiner aromatischsten Variante als Französischer Estragon verhält sich im Beet und im Topf äußerst bescheiden und nahezu unverwüstlich. Einzig der Giersch hat mir meine Estragonbestände arg schrumpfen lassen. Zu der Gattung bekannter Artemisia-Pflanzen, die kulinarisch oder heilkräftig genutzt werden, gehören auch die Eberraute (*Artemisia abrotanum*), der Wermut (*Artemisia absinthium*), der Beifuß (*Artemisia vulgaris*) und der Einjährige Beifuß (*Artemisia annua*).

Die ersten frischen fleischigen Sprossen, die im Frühling mit dem Giersch wetteifern, landen auf meinem Frühstücksbrot und in Brotaufstrichen. Es ist immer wieder ein unsägliches Vergnügen, nach einem kräuterkargen Winter das erste frische Grün zu genießen. Von nun an wächst der Estragon unermüdlich bis in den Herbst und je mehr man ihn schneidet, desto mehr verzweigt sich die Pflanze. Bis weit über die Blütezeit hinaus kann man die lieblich intensiven Blätter ernten und verwenden oder wunderbar einfrieren oder trocknen, denn das Aroma des Französischen Estragon bleibt in allen Fällen gut erhalten.

Tipp

Wermutpflanzen sind gute Nachbarn für Johannisbeersträucher.

Estragon-Eier

4 hart gekochte Eier
4 TL Crème fraîche
1 TL Senf
Salz, Pfeffer, Muskatnuss
Safran oder Kurkuma zum Färben, falls die Eier zu blass sind
Estragonblättchen und -spitzen oder -blüten

■ Am besten ein paar mehr Eier als benötigt kochen, da sich nicht alle Eier sauber pellen bzw. schneiden lassen. Die hart gekochten Eier sollten vor der Verarbeitung einige Zeit im Kühlschrank liegen.

■ Die Eier abpellen und der Länge nach durchschneiden. Das Eigelb vorsichtig herauslösen und mit einem Passierstab durch ein Sieb streichen.

■ Die Masse mit den übrigen Zutaten vermischen und eventuell mit Kurkuma oder Safran nachfärben. Zum Schluss die fein geschnittenen Estragonblättchen hinzufügen.

■ Die Eiercreme in einen Spritzbeutel füllen und in die Eihälften spritzen. Mit Estragonspitzen oder -blüten verzieren.

Komm morgen wieder

Für die Pfannkuchen
1/4 l Milch
100 g Mehl
2 Eier
1 Prise Salz
etwas Öl

Für die Füllung
250 g Frischkäse
150 g Saure Sahne
Pfeffer, Salz
1 Handvoll Estragon
je 1 Bündchen Liebstöckel, Schnittlauch, Petersilie, Oregano

■ Aus den Pfannkuchenzutaten einen glatten Teig rühren. Bei mittlerer Hitze in einer kleinen Pfanne dünne Pfannkuchen backen, aber nicht wenden!

■ Die Kräuter waschen, trocknen und fein schneiden. Für die Füllung Frischkäse, saure Sahne, Gewürze und Kräuter verrühren.

■ Auf die gebackene Seite der Pfannkuchen nun je einen gehäuften Teelöffel Füllung geben und die jeweils gegenüber liegenden Ränder aufeinanderklappen, sodass ein quadratisches Päckchen entsteht. Die Päckchen auf beiden Seiten in der Pfanne goldbraun braten.

■ Für eine süße Variante nimmt man statt Salz und Pfeffer Zucker oder Ahornsirup und als Kräuter kommen Süßdolde oder Engelwurz in Frage.

Tipp

„Komm morgen wieder" ist eigentlich ein Baltisches Rezept, das aus der Heimat meines Vaters Richard stammt – dort wird die Füllung allerdings mit Hackfleisch gemacht bzw. aus Resten – das heißt also vielleicht: „Komm morgen wieder, da gibt es dann was neues" unsere „Komm morgen wieder" sind aber so lecker, dass man sie getrost immer wieder essen mag!

Sommerkräuter: Die lichten Aromen des Südens

Das Vermächtnis archaischer Feinschmecker

Ich bin immer wieder begeistert von dem Gedanken, mich über die Kräuter mit der Antike zu verbinden. Denn das moderne Gemüse hat sicher nicht mehr viel zu tun mit dem unserer kulinarischen Vorfahren. Durch die Kräuter aber können wir lebendige Geschichte erfahren, wenn wir uns auf die einfachen oder opulenten Gerichte der Römer, Griechen, Kelten und Germanen einlassen.

Viele typische Sommerkräuter gehören der Familie der Lippenblütler an, wie Basilikum, Bohnenkraut, Majoran, Rosmarin, Salbei, Thymian, Oregano, Minzen, Melissen und Ysop, aber auch die Taub- und Duftnesseln, die seit über 2000 Jahren in der Küche eine wichtige Würzrolle spielen und auch immer noch typische Hausmittel für Erkältungen oder Verdauungsbeschwerden sind. Allerdings hatten gerade die Römer ein viel breiteres Gewürz- und Kräuterspektrum, an das wir uns erst jetzt langsam wieder herantasten. Natürlich tragen auch Menschen wie Karl der Große oder Hildegard von Bingen dazu bei, dass wir die Kräuter nicht vergessen oder sie wieder ausprobieren. Durch meine Kräuterseminare aber gewinne ich immer den Eindruck, dass es einen scharfen Einschnitt gegeben haben muss und die selbstverständliche Verwendung von Kräutern im täglichen Leben zu etwas geradezu Gefährlichem geworden ist. Meine vagen Vermutungen beziehen sich auf Inquisition und die Weltkriege, nach denen man die wilden Kräuter als teuflisch bzw. ärmlich abstempelte. Eine tiefe Angst und Kluft gilt es zu ergründen und zu überwinden, doch ich glaube, dass die letztliche Verbundenheit noch viel tiefer und umso fester sitzt und durch nichts besser erlöst werden kann, als durch die Einverleibung eben jener Kräuter selbst.

Belginum war einst eine keltisch-römische Siedlung im Herzen Europas. Auf der ausgegrabenen Fundstätte befindet sich ein interessantes Museum, in dem man den alten Kelten und Römern des Hunsrück-Mosel-Gebietes nachspüren kann.

vegan

Kirscheis

300 g Kirschen
1 Bund Lavendel, Salbei oder Muskatellersalbeiblüten
1 TL Zucker oder Agavendicksaft, je nach Süße

■ Kirschen entsteinen und mit Lavendel, Salbei oder Muskatellersalbeiblüten köcheln, je nach Geschmack mit etwas Zucker oder Agavendicksaft würzen.

■ Die Masse pürieren und in kleine Eiswürfelförmchen füllen – auch toll in Sekt zu genießen!

Basilikum – Balsampfeffer

(Ocimum basilicum) Lamiaceae

Leider ist die Wachstumsperiode von Basilikum zu kurz, um die ewige Schmacht nach diesem lukullischen Königskraut zu stillen, zumindest wenn man ihn selbst im Garten oder auf der Fensterbank ziehen möchte. Natürlich kann man seiner Lust auf Basilikum jederzeit, sommers wie winters, nachgehen und im Bioladen oder Supermarkt schmackhafte Pflanzen erwerben. Es erstaunt doch schließlich, dass Basilikum nicht verzichten will auf sein starkes Aroma. Bei vielen anderen im Supermarkt gekauften Topfkräutern bin ich oft sehr enttäuscht, muss ich doch manchmal selbst darauf zurückgreifen, wenn ich winters in Wuppertal weile.

Oft gehen die Kombinationen von Zutaten Hand in Hand mit Pflanzenpartnerschaften. So überrascht es nicht, dass Basilikum auch sehr gut am Fuße von Tomaten gedeiht! Tomaten finden aber auch Petersilie als Nachbarin ganz toll und was wäre ein Taboulé ohne Petersilie!

Tipp: Als Lichtkeimer möchten Basilikumsamen keinesfalls mit Erde bedeckt sein sondern einfach nur auf die Erde gelegt und gegossen werden. Nach ein paar Tagen schon gehen die Samen auf und die ersten Keimblättchen werden sichtbar. Wenn es sicher keinen Frost mehr gibt, fühlt sich Basilikum auch draußen im Beet oder auf dem Balkon sehr wohl.

Tipp

Wer Basilikum in Töpfen kauft, dem empfehle ich die Pflanze gleich in einen größeren Topf mit guter Erde, vielleicht Kompost, zu pflanzen und immer ganze Zweige zu schneiden, um das Nachwachsen zu fördern. Nimmt man nur die Blätter schwächt man die Pflanze zu sehr und hat nicht lange Freude daran. In jedem Fall braucht Basilikum viel Licht, gute Erde und keine Staunässe, aber auch keine Trockenheit.

vegan

Kirsch-Basilikum-Aufstrich

Ergibt ca. 12 Gläser à 200 g

2 kg Kirschen
1 großen Strauß Basilikum
ca. 800 g Gelierzucker 2:1

- Die Gläser heiß ausspülen und trocknen lassen.

- Entweder in einem Entsafter oder in einem Dampftopf die nicht entsteinten Kirschen und das Basilikum mit etwas Wasser aufkochen. Nach dem Abdampfen die Masse durch ein Sieb streichen.

- Den Saft abmessen und nach Packungsangabe mit Gelierzucker aufkochen. In die vorbereiteten Gläser füllen und verschrauben.

Maigas Taboulé mit Hirse

vegan

150 g Hirse
500 g Tomaten
1 große rote Zwiebel
3 Bund Petersilie
1 Bund Koriander
1 Zweig Japanischer Wasserpfeffer oder
1 Prise Chili
1 Zweig Pfefferminze
1 Zitrone
Olivenöl, Salz, Pfeffer

■ Die Hirse mit einer Prise Salz weich kochen und abkühlen lassen. Derweil die Tomaten in kleine Würfel schneiden.

■ Die Zwiebeln ebenfalls ganz klein schneiden und mit Olivenöl, Zitronensaft, kleingehackter Petersilie und Koriander mischen und durchziehen lassen. Die Tomaten dazugeben und mit Salz und Pfeffer abschmecken.

■ Die Blätter von der Minze und dem Japanischen Wasserpfeffer ebenfalls klein hacken. Die abgekühlte Hirse zu den Tomaten geben und mit Minze und Japanischem Wasserpfeffer abschmecken.

TIPP

Statt Koriander geht natürlich auch Basilikum pur!

Auf dem Bild sieht man die Guter-Heinrich-Ravioli mit dem Petersiliennudel-Teig von Seite 67

Bergbohnenkraut

(Satureja montana) Lamiaceae

Das mehrjährige, robuste, winterharte und wintergrüne Bergbohnenkraut wächst, wie sein einjähriger Verwandter das Sommerbohnenkraut (*Satureja hortensis*), gerne mit Bohnen und anderen Hülsenfrüchten zusammen.
Klassischerweise würzt es mit seiner pfeffrigen Note nicht nur alle Gerichte rund um Bohnen, sondern auch Suppen und deftige Speisen. Solche Kombinationen haben neben den geschmacklichen Vorzügen auch den Sinn, die Luft treibenden Hülsenfrüchte zu mildern und besser verdaulich zu machen.

vegan

Kartoffelpuffer

1 kg Kartoffeln
2 Möhren
1 Zwiebel
Salz, Pfeffer
Öl zum Ausbacken
2–3 EL Dinkelmehl zum Binden
1 Handvoll Kräuter, z. B. Bärlauch (im Frühjahr), Schnittlauch, Weinberglauch, Schnittknoblauch, Petersilie, Liebstöckel, Bärenklau, Dill, Fenchel, Schafgarbe

■ Die Kartoffeln und Möhren waschen, schälen und reiben. Die Zwiebel ebenfalls reiben oder klein hacken und mit den Kartoffeln mischen.

■ Je nach Flüssigkeitsansammlung das Mehl dazurühren und würzen. Alternativ kann man die Kartoffelmasse auch ausdrücken, um den Saft zu entfernen.

■ Die Kräuter waschen, verlesen, abtrocknen, klein schneiden und unter die Kartoffelmasse heben.

■ In einer Pfanne Öl zum Ausbacken erhitzen, aus der Kartoffelmasse Puffer formen und von beiden Seiten goldbraun herausbacken.

Zitronenbergbohnenkraut

(Satureja montana var. Citriodora)Lamiaceae

Sehr ähnlich im Wuchs und Verhalten wie das Bergbohnenkraut ist auch diese zitronige Variante, die im Garten und auf dem Balkon zu stattlichen Stauden heranwachsen kann.
Sein sehr pfeffriger Geschmack wird von kräftigem Zitronenaroma unterstützt und eignet sich besonders gut für Gerichte mit Käse, wie zum Beispiel Käsespätzle.

Tipp: Mit den verholzenden Kräutern wie Bohnenkraut, Lavendel, Rosmarin oder Ysop lassen sich auch schöne Kräuterhecken und Umrandungen für Gemüsegärten gestalten. Man schneidet die Kräuter am Besten im August, um ihnen noch Zeit zum Nachwachsen zu lassen. Zu späte Schnitte könnten bei frühen Frösten Probleme bereiten.

Rosmarin

(Rosmarinus officinalis) Lamiaceae

Wenn man im Hunsrück einen Rosmarin über den Winter retten kann, freut sich das Gärtnerherz, aber wenn man dann ganzer Rosmarinhänge in den Bergen Andalusiens ansichtig wird, verschlägt es einem schier die Sprache. Da wachsen sie einfach so und werden riesengroß und blühen munter mitten im Januar vor sich hin, herrlich duftend in der Mittagssonne, neben Thymian und Weinraute.
In der antiken römischen Literatur begegnen wir vielen dieser auch heute noch typischen mediterranen Würzkräuter. Vornehmlich die Lippenblütler sind durch ihre aromatischen Öle unverwechselbar mit etlichen Speisen verknüpft. Wer kennt nicht beispielsweise Rosmarinkartoffeln.

Rosmarin-Brownie

Für 4 Personen

Für den Brownie
5 Eier
20 g Vanillezucker
200 g Butter
2–3 Stängel Rosmarin
150 g Zartbitterschokolade
200 g Mehl
40 g Kakaopulver
150 g weiße Kuvertüre

Für die Schokoladenganache
150 g Sahne
150 g Zartbitterschokolade
30 g Zucker

Für das Weinrauteneis
250 g Sahne
1/4 l Milch
100 g Zucker
1/2 Vanilleschote
5 Stängel Weinraute
100 g Eigelb

Ein Rezept von Michael Daus

■ Für das Eis die Vanilleschote halbieren und auskratzen. Milch mit Sahne, Zucker, Vanillemark und -schote aufkochen.

■ Die Weinraute hinzugeben und 20 Minuten ziehen lassen. Danach durch ein Sieb streichen.

■ Die aufgefangene Mischung nach und nach mit dem Eigelb verrühren. Die Eimasse im Wasserbad bis zu einer cremigen Konsistenz warm aufschlagen (ca. 82°C). Danach kalt rühren und einfrieren.

■ Für die Ganache die Sahne mit dem Zucker aufkochen. Die Schokolade im Wasserbad schmelzen. Die Sahnemischung auf die Zartbitterschokolade gießen, zu einer glatten Masse rühren und mindestens 2 Stunden im Kühlschrank kalt stellen.

■ Den Ofen auf 160 °C vorheizen. Für den Brownie Schokolade und Zucker im Wasserbad schmelzen. Die Rosmarinnadeln abstreifen und klein hacken. Zur Schokolade geben und ziehen lassen.

■ Die Eier mit Zucker und Vanillezucker mit dem Handrührgerät weiß aufschlagen und die geschmolzene Schokoladenmischung langsam unterrühren.

■ Das Mehl sieben und mit Kakaopulver langsam vermischen. Nach und nach unter die Masse mengen.

■ Zum Schluss die weiße Kuvertüre hacken und unterheben. Die Masse in Brownieformen füllen und im vorgeheizten Ofen etwa 15 Minuten backen.

■ Die Ganache nach dem Kühlen mit dem Handrührgerät aufschlagen. Den Brownie mit der Ganache und dem Eis anrichten.

Tipp

Für das Eis legt man sich entweder eine kleine Eismaschine zu oder rührt alle halbe Stunde im Gefrierschrank durch das Eis damit es cremig wird bis es gefriert.

Lavendel

(Lavandula angustifolia) Lamiaceae

Zwar gilt Lavendel als ein typischer Rosenbegleiter, aber wie ich feststellte, mag der Lavendel gar nicht so gern zum Gesellschafter der Rose degradiert werden. Zumal Rosen gut humose Böden brauchen und es Lavendel im Kargen viel besser geht. Lassen wir also den Lavendel selbst die Hauptrolle spielen oder setzen ihn als duftende Begrenzungshecke statt der üblichen Buchsbaumeinfassung.
Kulinarisch spielen wir mit dem Lavendel in alle Geschmacksrichtungen, von süß bis herzhaft. Ich aromatisiere Pralinen und Marmeladen mit Lavendelblättern oder noch geschlossenen Blüten und finde ihn auch zu Wild sehr passend als leckere Wildrahmsoße.

TIPP

In Kastellaun im Hunsrüc
gibt es ein begehbares
Lavendel-Labyrinth.

Salbei

(Salvia officinalis) Lamiaceae

Der Salbei schenkt uns viele schöne Variationen in Gestalt, Duft, Blütenfarbe oder Blattfarbe. Leider sind nicht alle Sorten winterhart und bedürfen daher spezieller Überwinterungsplätze. Für mich im Hunsrück ist das leider nicht sehr praktikabel, aber immerhin gibt es ein paar schöne Sorten, die auch im Naturkräutergarten heimisch geworden sind. Dazu gehören ein sogenannter Lavendelsalbei, dessen Blätter neben dem typischen Salbeigeruch auch eine Nuance Lavendelduft verströmen, und eine sehr schöne Sorte, die mit roten Blättern aufwartet.
Auch Salbei ist ähnlich wie Lavendel für Süßes und Herzhaftes zu haben, und neben den klassischen Salbeibutternudeln mag ich seine Würze gerne auch in einem Aroniastreuselkuchen.

Blühender Salbei sieht Lavendel verblüffend ähnlich – und der Duft ist auch betörend.

Erdbeer-Lavendel-Bowle mit Aztekischem Süßkraut

250 g frische Erdbeeren
1 Flasche feinherber Sekt oder Prosecco
5 Stängel Aztekisches Süßkraut
6–10 Lavendelblüten
1 Bowleglas

Ein Rezept von Marta Meli-Czeburko

■ Die Erdbeeren säubern und in mundgerechte Stücke schneiden, das Süßkraut abzupfen und ins Bowlenglas geben.

■ Mit dem Sekt oder Prosecco übergießen und für mindestens 2,5 Stunden kalt stellen.

■ Vor dem Einschenken je 1 bis 2 Lavendelblüten ins Glas geben.

Aroniastreusel mit Salbei und Spanischem Thymian

Hefeteig siehe S. 159

ca. 2 Handvoll Aroniabeeren
Ein paar Salbeiblätter oder Thymian

Für die Streusel
300 g Dinkelmehl
100 g Butter
100 g Mandelmus oder auch Butter
100 g Zucker
1 Prise Salz

■ Einen Hefeteig nach Rezept herstellen und in einer Kuchenform ausbreiten.

■ Den Ofen auf 150 °C vorheizen. Den Hefeboden mit Aroniabeeren, etwas Zucker und gehacktem Salbei oder Thymianblättchen auslegen.

■ Die Zutaten für die Streusel grob kneten und über die Aroniabeeren streuen. Etwa 1 Stunde im vorgeheizten Ofen backen, bis der Heferand goldbraun geworden ist.

Oregano

(Origanum vulgare) Lamiaceae

Wie schon Lavendel und Salbei kommt auch der Oregano in vielen verschiedenen Farben, Düften und Wuchsformen vor. Golden schimmernde oder silbrigweiße Blätter mit zartem Duft sind ebenso robust wie eine kleinwüchsige Sorte, der Fruchtoregano, der mit einem besonders milden, aber intensiv fruchtigen Oreganoaroma verführt. Scharf dagegen wirken die Blätter des aus Kreta stammenden Bruders, der sich mit Pfeffer messen kann und auf einer Pizza oder Focaccia richtig gut zur Geltung kommt, dabei aber unscheinbare kleine weiße Blütchen hat. Im Gegensatz zu der heimischen Sorte, dem sogenannten Dost, der uns im spätern Sommer überall im Land mit seinen rosa Blüten auffällt, weil sich an ihnen eine Vielzahl verschiedener Insekten tummelt. Die Honigbienen in meinem Garten fliegen den Dost und seine Verwandten den ganzen Tag an und müssen sich die Plätze mit all den anderen wilden Bienen teilen.
Traditionell finden wir den Oregano auf der italienischen Pizza, und im Naturkräutergarten gibt es keinen Kräutertee ohne die aromatischen Oreganoblüten.

Maronen-Damwild-Törtchen

Ergibt ca. 40 Törtchen

Für die Mürbteigtörtchen
200 g Dinkelmehl
1 Prise Salz
1 Ei
80 g Butter
1 EL Essig

Für die Kräuterfleischfüllung
400 g Damwildhack
Salz, Pfeffer, Paprikapulver
1/4 l Brühe
1 Ei und/oder
200 g Sahne
3 Zwiebeln
2 Stängel Oregano
2 Zweige Rosmarin
2 Stängel Ysop
5 Stängel Thymian
3 Stängel Majoran
1 kleine Stange Lauch

Für das Maronenpüree
400 g geschälte Maronen
Salz, Pfeffer, scharfer Oregano
1 kleine Prise gemahlene Nelken
250 g Crème fraîche

■ Aus Mehl, Salz, Ei, Butter und Essig einen Mürbeteig kneten und kühl stellen.

■ Die Kräuter waschen, trocken tupfen und klein hacken. Die Zwiebel ebenfalls hacken. Das Damwildhack mit Salz, Pfeffer und Paprikapulver würzen und mit den gehackten Kräutern, der Zwiebel, dem Ei bzw. der Flüssigkeit vermischen.

■ Die Maronen in etwas Wasser weich kochen, pürieren und mit Salz, Pfeffer, Muskat und gemahlenen Nelken würzen. Nur so viel Crème fraîche dazugeben, dass die Masse noch fest genug ist, aber mit einem Spritzbeutel verarbeitet werden kann.

■ Den Ofen auf 150 °C vorheizen. Den Mürbeteig ausrollen, rund ausstechen und so in kleine Förmchen legen, dass der Rand des Teiges mit dem Förmchenrand abschließt.

■ In die Mitte einen Löffel Fleischmischung geben und mit dem Maronenpüree einen Rand spritzen. Die Törtchen im vorgeheizten Backofen ca. 30 Minuten backen.

Majoran

(Origanum majorana) Lamiaceae

Meine liebste Oreganosorte ist allerdings der Majoran, dessen Aroma wir als typisches Wurstgewürz kennen. Eigentlich einfach zu kultivieren, sowohl als einjährige oder zweijährige Sorte, vergesse ich immer wieder, dass die Pflanzen gerne schnell in Blüte gehen und dann nicht mehr so viel Blattmasse machen. Dabei würde ich ihn gerne viel öfter verwenden. Ich denke dabei immer an Kartoffelgerichte oder Brotaufstriche, die man damit würzen kann. Um also viel davon ernten zu können, müsste man ihn alle paar Wochen neu säen, ähnlich wie Salat, Koriander oder Dill.

Quendel

(Thymus serphyllum) Lamiaceae

Nicht alle Kräuter kommen aus dem Süden. Quendel und Dost (siehe Oregano) sind heimische Kräuter. Der schnell wachsende Quendel breitet sich in hübschen Teppichen im Garten oder im Balkonkasten aus und verträgt das Schneiden von ganzen Büscheln. Durch Hildegard von Bingen ist der kleine Quendel wieder bekannter geworden.

Der Quendel wallt sehr schön über die Kübel oder Balkonkästen hinaus und verträgt sich gut mit anderen Pflanzen, deren Füße er beschattet.

Rés Maronenkuchen

Für den Boden
250 g Mehl
1 TL Backpulver
150 g Butter
1 Ei
50 g Zucker

Für den Belag
500 g geschälte Maronen
500 g Sahne
75 g Zucker
50 g Speisestärke
250 g Marzipan
2 EL Puderzucker
250 g Kuvertüre
1 TL frische Quendelblättchen
Schokoplätzchen zum Verzieren

■ Alle Zutaten für den Boden verkneten und in Folie kühl ruhen lassen.

■ Den Ofen auf 150 °C vorheizen. Den Teig in eine Springform drücken, etwas den Rand hochziehen und ca. 15 Minuten vorbacken.

■ Die Maronen in etwas Wasser weich kochen, passieren und abkühlen lassen. Sahne steif schlagen und Zucker dazugeben.

■ Dann das Maronenpüree und die Stärke und die Kräuter unterrühren und auf den Mürbteigboden geben. Den Kuchen bei 150 °C ca. 1 Stunde backen, bis die Masse fest ist, Stäbchenprobe machen! Anschließend abkühlen lassen.

■ Inzwischen das Marzipan auf Puderzucker dünn ausrollen, dabei mehrmals wenden. Über den erkalteten Maronenkuchen legen und andrücken.

■ Die Kuvertüre im Wasserbad schmelzen. Den Kuchen mit der Kuvertüre und den Schokoplätzchen verzieren.

Thymian

(Thymus vulgaris) Lamiaceae

Dieses Gewürz der antiken römischen Küche ist uns so vertraut wie Basilikum, Rosmarin oder Salbei und gehört einfach ins Küchen- und Hausmittelrepertoire. Der echte Thymian mag die kalten Hunsrückwinter nicht ungeschützt, aber im Gewächshaus ist er zu einer stattlichen verholzten Staude geworden. Wie auch schon beim Oregano oder Salbei liebt er es, sich in vielen Variationen von buntem Blattwerk oder Aromen zu zeigen. Auf kargen Wiesen, die etwa von Schafen kurz gehalten werden, finden wir einen Zitronenthymian mit ganz herrlichem Aroma. Zitronenthymian (*Thymus vulgaris citriodorus*) und Orangenthymian (*Thymus fragrantissimus*) gibt es in jeder gut sortierten Gärtnerei.

Spanischer Thymian

(Thymus zygis) Lamiaceae

Meine Lieblingssorte ist der graublättrige Spanische Thymian geworden. Dieses anspruchslose Gewächs lässt sich sehr gut auf dem Balkon ziehen und oft beernten, muss aber vor nasser Kälte geschützt werden.

Zwar sieht der Spanische Thymian aus wie ein richtiger Thymian, doch wird man verblüfft sein über sein unerwaretetes Aroma. Es dominiert balsamisch Süßliches mit fruchtiger Orangennote. Dann folgen Mandarine und Vanille bis man zu etwas vordringt, das an Thymian erinnert. In Speisen verarbeitet herrschen je nach Kombination mal die einen, mal die anderen Aromen vor. Von Katharinas Panna Cotta waren wir ganz überrascht, als wir die Vanillenote entdeckten, die der Spanische Thymian der Speise verlieh. Ich verwende ihn gerne zu Gerichten mit Aroniabeeren, deren herbe Würze er versüßt und abmildert.

Panna Cotta mit Spanischem Thymian, rosa Johannisbeeren und rosa Pfeffer

600 g Schlagsahne
200 ml Milch
ca. 15 Stängel Spanischer Thymian
2 EL Zucker
1 Beutel Agartine
250 g rosa Johannisbeeren
1 TL rosa Pfeffer (ganze Körner)

Ein Rezept von Katharina Schnabel

■ Die Milch mit der Sahne in einen Topf füllen, die Agartine, den Zucker und den Spanischen Thymian zugeben und auf kleiner Flamme ca. 15 Minuten köcheln lassen. Zwischendurch umrühren.

■ Den Thymian anschließend entfernen. Alles in Gläser füllen und mindestens 4 Stunden kaltstellen.

■ Die Hälfte der Beeren pürieren und den rosa Pfeffer im Mörser zerstoßen. Das Beerenpüree mit den zerstoßenen Pfefferbeeren mischen.

■ Die Panna Cotta mit den ganzen Beeren sowie dem Fruchtpüree servieren.

Pfannen-Apfelkuchen mit karamellisierten Cashewkernen und Spanischem Thymian

Für den Hefeteig
350 g Dinkelmehl (Typ 630)
1 TL Trockenhefe
1/4 l warmes Wasser
1 EL Zucker
2 EL weiche Butter
1 TL Salz

Für den Belag
Blättchen von ein paar Stängeln des Spanischen Thymians
200 g Cashewkerne
2–3 Äpfel
1 EL Butter
3 EL Zucker
etwas Butter zum Einfetten der Pfanne
eine gusseiserne Pfanne (ø 24 cm)

Ein Rezept von Katharina Schnabel

■ Für den Hefe-Vorteig die Hälfte des Wassers, die Hefe, 1 EL Zucker sowie 1 EL des Mehls in eine große Schüssel (keine Metall-Schüssel) geben und mit einem Holz- oder Plastiklöffel verrühren. Das Gemisch an einem warmen Ort zugedeckt ca. 15 bis 30 Minuten ruhen lassen, bis es Blasen wirft.

■ Dann das restliche Wasser und Mehl sowie das Salz und weiche Butter zugeben und zu einem glatten Teig verkneten. Den Ofen auf 200 °C (Ober-/Unterhitze) vorheizen.

■ Die gusseiserne Pfanne gut mit Butter einfetten. Den Teig in die Pfanne geben und verteilen, den Teigrand etwas hochziehen.

■ In einer Pfanne 1 EL Butter auf mittlerer Stufe schmelzen lassen. Die Cashewkerne sowie 3 EL Zucker dazugeben und karamellisieren lassen, dabei die Cashewkerne immer wieder wenden, bis die Kerne mit der geschmolzenen Zuckermasse eingehüllt sind. Die fertig karamellisierten Nüsse auf ein Backpapier ausbreiten und auskühlen lassen.

■ Den Ofen auf 200 °C vorheizen. Die Äpfel schälen und in Scheiben schneiden. Leicht überlappend auf den Teig legen. Ein paar Butterflöckchen auf die Äpfeln geben und die Cashewkerne gleichmäßig auf den Äpfeln verteilen. Abschließend die abgezupften Thymianblättchen darüberstreuen, ein paar Blättchen für die spätere Dekoration zurückbehalten.

■ Die Pfanne in den vorgeheizten Backofen schieben und etwa 20 Minuten backen, bis der Teig leicht braun ist.

■ Den Pfannen-Apfelkuchen leicht auskühlen lassen. Dann die restlichen Thymianblättchen darüberstreuen. Den Kuchen in der Pfanne schneiden und servieren.

Minzen – Willkommen im Rausch der Vielfalt

Für meine ersten gärtnerischen Versuche mussten natürlich die Minzen herhalten, deren einfaches Vermehren und Anspruchslosigkeit keine großen Hindernisse darstellten. Und weil doch die Minze als guter Nachbar oder gute Begleitpflanze für Kartoffeln gilt, setzte ich also eines Tages in einen Teil des Gartens, in dem noch die Minze unserer Vorbesitzer umherwanderte, meine ersten Kartoffeln. Das Ergebnis waren zugegebenermaßen die leckersten Kartoffeln, die ich je geerntet habe. So genau weiß ich allerdings nicht mehr, woher die vielen bunten alten Sorten herkamen, als es noch kein Internet gab. Die Handvoll Saatgutanbieter und Tauschwillige genügten mir aber wohl und meiner Lust an blauen, roten und gelben Kartoffeln stand nichts im Wege. Da ich immer auf der Suche nach interessanten, wohlschmeckenden und praktischen Pflanzen bin, brachte ich mir auch viel von Reisen mit.

Die schmackhafteste Sorte für den Hunsrücker Boden wurde schließlich eine in England erhältliche Kartoffelsorte namens „Prinz Edward". Da ich aber irgendwann mein Geld mit Kräutern verdienen wollte, mussten alle Gemüse weichen und übrig blieben die Minzen zwischen all den Wildkräutern, die jedes Jahr im Garten aufkeimen, ob man nun will oder nicht. Aber auch die alte Minze wich mitunter anderen schmackhaften Kräutern und ist durch meine vielfältigen Umgestaltungen leider ganz verschwunden. Nachdem sie unter anderem plötzlich an Rost

und Mehltau erkrankte, vielleicht auch weil der Baumbestand in die Höhe wucherte, ist es als natürliche Folge zu sehen, dass die Pflanzengesellschaften wechseln.

Von links nach rechts: Korsische Minze, Katzenminzen, Ananasminze

Aus dem Potpourri der vielen Sorten, Düfte, Geschmäcker und Formen kristallisierten sich für den Naturkräutergarten lediglich eine Handvoll Minzen heraus, die ich mit gutem Gewissen auch als Pflanze weiterempfehlen kann, um den eigenen Garten nicht von einigen Minzen beherrschen zu lassen. Apfelminze (*Mentha rotundifolia* oder *Mentha suaveolens*) und Ingwerminze durchziehen in kürzester Zeit den ganzen Garten mit ihrem dicken Wurzelwerk. Einzig der Giersch hat es geschafft, diese beiden wieder stark zu reduzieren. Aber so ist das meistens im Naturkräutergarten – es wachsen genau die Kräuter besonders stark, die meine Kunden verlangen, im Einklang mit den Kapazitäten des Gartens oder meiner Kraft, sie zu pflücken.

Wer Minzen in Kübeln hält, kann sich natürlich aller Sorten bedienen und muss nur für reichlich Kompostnachschub sorgen.
So blieb zum Beispiel die milde Ananasminze (*Mentha suaveolens ‚Variegata'*), die mit ihren panaschierten, zarten Blättern und mit sehr fruchtigem Aroma überzeugt.

Die Bergamottminze *(Mentha piperita var. citrata)* mit ihren rotgerandeten rundliche Blättchen und deutlichem „Earl Grey"-Aroma wurde fester Bestandteil leckerer Tees, und die Erdbeerminze (*Mentha species*) wandert immer in unseren Biskuitteig für die Erdbeer- oder Himbeersahnerolle. Diese Minze riecht wie Erdbeer-Sahnebonbons und überzeugt mit zarten kleinen krausen Blättchen und kleinen rosa Blütchen als niedliche Garten- oder Kübelpflanze.

Biskuitrolle mit Erdbeeren und Erdbeerminze

Für den Biskuitteig
5 große Eier
200 g Mehl
200 g Zucker
etwas Flüssigkeit (Milch, Wasser, Rosenwasser, Saft, je nach Geschmack der Weiterverarbeitung)
1 Prise Salz

■ Die Eier trennen. Die Eiweiße mit etwas von den 200 g Zucker und der Prise Salz steif schlagen

■ Die Eigelbe mit dem restlichen Zucker solange schlagen, bis die Masse weiß ist. Die Flüssigkeit dazurühren und dann das Mehl darübersieben.

■ Nun vorsichtig den Eischnee unterheben. Wenn man frische Erdbeerminze oder andere Kräuter fein hackt und mit unter die Masse hebt, gibt es eine kräftigere Kräuternote im Kuchen.

■ Den Ofen auf 170 °C vorheizen. Ein Backblech mit Backpapier auslegen und den Teig darauf verteilen. Sofort im vorgeheizten Ofen ca. 25 Minuten backen, bis die Oberfläche goldbraun ist.

■ Noch warm auf ein Küchentuch stürzen, das Backpapier abziehen und den Biskuitteig einrollen, dann erkalten lassen.

■ Sahne mit Sahnesteif aufschlagen und die Kräuter und Beeren unterheben. Den ausgekühlten Biskuit vorsichtig entrollen und die Sahnemasse darauf verteilen.

■ Den Biskuit wieder zusammenrollen und in den Kühlschrank stellen. Kurz vor dem Servieren mit Puderzucker bestäuben.

Für die Füllung
500 g Sahne
1–2 Päckchen Sahnesteif
eventuell 50 g Zucker und/oder Vanillezucker, je nach der Säure der Beeren
frische Erdbeeren oder Himbeeren, je nach Jahreszeit
1 Bund Erdbeerminze oder als Kontrast zu den süßen Beeren Japanischer Wasserpfeffer
etwas Puderzucker zum Bestäuben

Heißer Tee für kalte Tage

Alle Kräuter in eine Teekanne füllen. Mit sprudelnd kochendem Wasser aufgießen und 5 bis 8 Minuten ziehen lassen.

FÜR CA. 1 L

2 Holunderblütendolden
3 Blätter Breitwegerich
1 TL Lindenblüten
1 Stängel Thymian
1 Zweig Salbei
5 Malvenblüten
5 Hagebutten
3 Himbeerblätter
3 Borretschblätter
1 Stängel Minze

Ein Rezept von Marta Meli-Czeburko

Pampelmuse-Mitzi-Limonade mit Zitronenverbene

Für den Sirup
2 Zitronen
2 Limetten
1 Grapefruit
1 Orange
5 Stängel Minze
3 Holunderblüten-dolden
1 l Wasser
1 kg Zucker

■ Für den Sirup alle Zitrusfrüchte, Holunderblütendolden und Minze waschen und in kleine Stücke schneiden. Leicht stampfen, über Nacht in ein Topf legen und mit 1 l Wasser übergießen.

■ Am nächsten Tag durch ein grobes Sieb filtern und den Zucker hinzufügen. Zu Sirup einkochen. Noch heiß in gesäuberte Flaschen füllen und erkalten lassen.

■ Für die Limonade die Scheiben der Zitrusfrüchte in eine Karaffe legen. Die Zitronenverbeneblätter abzupfen und dazugeben und Eiswürfel in die Karaffe füllen.

■ Ein Teil Pampelmuse-Mitzi-Sirup und sieben Teile Mineralwasser darübergießen und kräftig umrühren

■ Mit Kapuzinerkresseblüten dekoriert servieren.

Für 1 l Limonade
Eiswürfel
5 Limettenscheiben
5 Orangenscheiben
5 Grapefruitscheiben
1 Bund Zitronen-verbene
1 l stilles Mineral-wasser

Ein Rezept von Marta Meli-Czeburko

Limonen-/Schokominz-Mojito

Für 1 Glas

4 cl Limettensaft
2 TL Rohrzucker
6 cl weißer Rum
3–4 Stängel Limo-nen- oder Schoko-minze
Crushed Ice
Soda

Ein Rezept von Marta Meli-Czeburko

■ Als erstes den Zucker mit dem Limettensaft in ein Longdrinkglas geben und verrühren.

■ Dann die Minze hinzugeben und leicht andrücken, sodass die ätherischen Öle der Minze freigegeben werden.

■ Das Glas mit Crushed Ice auffüllen. Alternativ kann man auch Eiswürfel nehmen. Dann den Rum hinzugeben und mit einem Barlöffel kräftig umrühren, damit sich die Zutaten gut vermischen.

■ Vor dem Servieren das Glas mit Sodawasser auffüllen und mit einer Scheibe Limette am Glasrand garnieren.

Rés Kalter Hund mit Schokominze

5 Stängel Schokominze
24 Butterkekse
3 Eier
3 EL Zucker
3 EL dunkles Kakaopulver
250 g Kokosfett

Unser absoluter Renner ist und bleibt die Schokominze (*Mentha piperita var. piperita* oder auch *Mentha piperita „Multimentha“*), ob nun als Topfpflanze oder in unserem Café verarbeitet im Kalten Hund.

■ Die Schokominze etwas anwalken und mit 3 EL Kakaopulver vermischen. In einem verschlossenen Glas 2 bis 3 Tage ziehen lassen.

■ Die Schokominzstängel abschütteln. Das Kokosfett zusammen mit den Stängeln in einer Pfanne bei niedriger Temperatur schmelzen lassen. Dann die Stängel entfernen.

■ Die Eier mit dem Zucker cremig rühren, das Kakaopulver dazugeben und nach und nach das geschmolzene Kokosfett unterrühren.

■ Eine Kastenform mit Folie auslegen und abwechselnd eine Lage Kekse und eine Schicht Kakaomasse einschichten. Im Kühlschrank fest werden lassen.

Ebenfalls mit schokoladiger Note verblüfft die winzige Korsische Minze oder auch Polsterschokominze (*Mentha requienii*). Auf den Tischen des Cafés steht sie als kleine Streicheleinheit in Töpfen, oft als Unterpflanzung von Salbei, Rosmarin oder Lavendel.

Die Katzenminzen wie die Echte Katzenminze (*Nepeta cataria*), die Zitronenkatzenminze (*Nepeta cataria var. citriodora*) und die Kleine Katzenminze (*Nepeta fassenii oder mussinii*) sind als Lippenblütler verwandt mit den Minzen und betören unter anderem auch mit minzigen Aromen.
Die vielfältigen, eher zurückhaltenden Aromen der Katzenminzen erfreuten bereits die Römer, an deren Experimentierfreudigkeit oder Selbstverständnis wir uns erst wieder herantasten müssen.
Wie so oft in meinem Garten tauchen einfach irgendwann Pflanzen oder Variationen ohne mein Zutun auf und eines Tages wuchs an verschiedenen Stellen die Zitronenkatzenminze und bestach mich mit ihrem intensiven Zitronen- oder eher noch Limettenaroma.

Tipp

Zum Trocken von Pflanzen immer die Blätter abzupfen und auf einem Tuch im warmen Schatten ausbreiten, so erhält sich das Aroma länger als am Zweig getrocknet, und umgekehrt aufgehängte Zweige verstauben zudem auch leicht.

Zitronenkuchen

4 Eier
200 g Zucker
1 Prise Salz
150 g Butter
100 g Crème fraîche
400 g Mehl
100 g Speisestärke
1 Päckchen Backpulver
je 1 Handvoll Zitronenkatzenminze und/oder Zitronenverbene, Giersch, Löwenzahn, Sauerampfer
Saft und Zesten von 1 Zitrone
250 g Puderzucker
Saft von 1 Zitrone
kandierte Zitronenscheiben zur Verzierung

■ Eier, Zucker und Salz sehr schaumig rühren, bis die Masse weiß ist. Den Ofen auf 150 °C vorheizen.

■ Butter bei sehr schwacher Hitze zerlassen und mit der Eimasse verrühren. Das Mehl mit Backpulver und Speisestärke vermischn und zur Masse sieben.

■ Zuletzt die gewaschenen und sehr fein geschnittenen Kräuter mit dem Zitronensaft und den Zesten untermischen. Im vorgeheizten Ofen ca. 1 Stunde backen (Stäbchenprobe machen!).

■ Den Puderzucker mit Zitronensaft glatt rühren. Nach dem Erkalten auf den Kuchen streichen und mit kandierten Zitronenscheiben verzieren.

Zitronenmelisse

(Melissa officinalis)

Ich erinnere mich als Sechsjährige an einen großen Zitronenmelissenstrauch und eine große Ysopstaude in unserem Garten, als wir gerade nach Fronhofen gezogen waren. Meine Mutter hatte diese Pflanzen wohl aus unserem vorherigen Domizil mitgebracht, und ich glaube, damals gab es noch keinen Giersch, der erst viel später eingeschleppt oder eingewandert war.
Diese Zitronenmelisse lebte viele Jahrzehnte an der gleichen Stelle und wurde von uns einfach für Tee genutzt. Und so ist sie auch eine der genügsamsten Pflanzen der Kräuterwelt. Ob nun im Garten oder auf dem Balkon gezogen, sie ist stets umschwärmt von allerlei Insekten, vermehrt sich über Samen und vergrößert sich stets, ohne in der Mitte kahl zu werden.

Kretische Melisse

(Melissa officinalis altissima)
Lamiaceae

Nachdem ich irgendwann wirklich auf Kräuter als kulinarische Hauptmahlzeiten aufmerksam wurde, ging das Interesse auch wieder in die Feinheiten hinein. Die vielfachen Variationen der Blattformen, Düfte und Farben drangen umso intensiver in mein Bewusstsein. Auf diesem Wege erfuhr gerade die so sehr nach Mandarine duftende und schmeckende Melisse aus Kreta meine Aufmerksamkeit. Oft wachsen einige Kräuter auch einfach nur jahrelange unter meiner liebenden Beobachtung und werden erst durch einen Tipp endlich auch einmal in einer Speise probiert. Ein Mandarinensorbet veranlasste mich endlich, mit der kretischen Melisse kulinarisch zu experimentieren.

Citrus Tarte nach Marguerite

270 g Dinkelmehl
135 g Butter
4 Eier
70 g Zucker
Zesten von 1/2 Orange
200 g Orangenmarmelade oder Sanddornkonfitüre
8 Mandarinen, 4 Orangen oder 2 Pampelmusen
Kretische Melissenblätter, oder auch Zitronenmelisse, Zitronenthymian, Zitronenbohnenkraut, Zitronengras oder Zitronenverbene

■ Mehl, Butter, Eier, Zucker und Orangenzesten in eine Schüssel füllen und gut mit den Händen durchkneten. Den Teig für 1 Stunde abgedeckt kalt stellen.

■ Die Zitrusfrüchte schälen und in 1cm dicke Scheiben schneiden. Eine flache Kuchenform ausfetten, 3/4 des Teiges ausrollen und hineindrücken. Die Marmelade auf dem frischen Teig verteilen.

■ Den Ofen auf 180 °C vorheizen. Die Kretamelissenblätter auf der Marmelade streuen, darüber die Zitrusfrüchtescheiben verteilen.

■ Aus dem restlichen Teig Streifen ausrollen und dekorativ über die Fruchtscheiben legen.

■ Im vorgeheizten Backofen 35 bis 50 Minuten backen.

Wildkräutertortilla

500 g Kartoffeln
6 Eier
Olivenöl zum Braten
1 große Zwiebel
3–4 Bund Wildkräuter oder Gartenkräuter nach Gusto, auf jeden Fall Schnittlauch und Petersilie
Salz, Pfeffer

■ Die Kartoffeln kochen, abgießen und im Sieb abkühlen lassen.

■ Die Zwiebeln fein hacken und anbraten. Die Kartoffeln in kleinen Stücken dazugeben.

■ Die Eier schlagen und mit Salz und Pfeffer würzen. Dann die fein gewiegten Kräuter unterrühren und die ganze Masse mit den Kartoffeln in der Pfanne vermischen.

■ Bei geringer Hitze und zugedeckt garen.

Links: Weiße Taubnessel am Fuße von Monarde
Rechts: Agastache

Taubnessel

(Lamium)

Als letzten heimischen Sommerlippenblütler möchte ich noch die Taubnesseln erwähnen, die man auch fast alle verwenden kann und deren Geschmack ganz intensiv an Champignons erinnert. In einem Wildkräutersalat, als milder Zusatz für Brennnesselgerichte oder die süßen Blüten als Zutat für Quarks und Dips oder natürlich als Garnitur kommt die Taubnessel immer wieder auf unseren Speiseplan. Sie gehört auch zu den Pflanzen, um die ich mich nie kümmern muss. Sie entscheidet völlig frei, ob und wo sie wachsen oder wohin sie sich von Ameisen verschleppen lassen möchte. Zudem besetzt sie gerne Plätze, die ich irgendwie aus den Augen verloren hatte.

Allen voran preschen die Weiße (*Lamium Album*) und Rote Taubnessel (*Lamium Purpureum*), die sicher in fast jedem Garten einfach mal auftauchen und wenn man sie lässt, sich auch schön breitmachen, was uns Schmetterlinge und alle Bienenarten danken werden.
In Waldnähe und längst als Bodendecker etabliert finden wir die Goldnesseln, mit oder ohne weiße Flecken, die ich vor allem als wunderbaren Bodendecker für schattige Gartenbereiche nutze.

Last not least, die reichen Tanten aus Amerika: Indianernessel – Monarde – Goldmelisse

(Monarda didyma) Lamiaceae

Eine schöne Bereicherung für jeden Garten sind die beiden Lippenblütler aus Amerika. Die Indianernessel, Goldmelisse oder Monarde genannten Pflanzen erfreuen sich bei uns großer Beliebtheit als Beet- und Teepflanzen. Sie sind meist winterhart und breiten sich ganz langsam über Bodenausläufer aus und geben wunderschöne blühende und duftende Sommerakzente im Kräuterbeet. Nachdem ich einige Sorten ausprobiert hatte, blieb die tiefrote Monarda didyma bei mir als Teekraut hängen, das mit einem feinen „Earl Grey"-Geschmack besticht. Die roten Blüten lassen sich zu einem intensiv-aromatischen und leuchtend roten Sirup kochen oder gereichen als Würzzugabe für diverse Fruchtaufstriche.

Duftnessel – Agastache

(Agastache foeniculum) Lamiaceae

Die Anisagastache, auch Anis-Ysop genannt, ist eine robuste Staude und besticht mit ihrem minzigen und herbsüßen Ysop-ähnlichen Aroma, in dem auch Anis oder Fenchel sehr deutlich zum Vorschein kommen. Sie blüht bis spät in den Sommer und die Blätter und Blüten können jederzeit geerntet werden. Ihr Aroma bleibt genauso stabil beim Kochen wie ihre Blätter ansehnlich beim Dekorieren von Speisen. Im Garten ist sie nicht nur eine Augenweide, sondern bittet auch viele Insekten zu Tisch.

Tipp

Sowohl die Indianernessel als auch die Duftnessel warten mit unzähligen Varianten, Geschmacksrichtungen und Blütenfarben auf, sodass es für den eigenen Garten und Gaumen viel zu experimentieren gibt.

Muskatgarbe – frisches Muskatkardamom

(Achillea decolorans) Asteraceae

Die kulinarische Schwester der Schafgarbe duftet und schmeckt zwar nach Muskat und Kardamom, doch das sind nur ihre vordergründigen Aromen. So ganz sind wir noch nicht hinter die Geheimnisse dieser schlicht wirkenden Pflanze gekommen.
So schwingen auch Estragon oder Wermut mit im Geschmack oder auch Walnuss. Auch wenn man sie kulinarisch nicht verwenden möchte, so ist sie doch ein schöner, bescheidener und vor allem duftender Bodendecker. Um aber im Beet zu bleiben, muss man sie frei halten vom Bedrängen anderer Kräuter und allzu harte lange Fröste mag sie nicht. Dafür lässt sie sich einfach vermehren über ihre leicht zu trennenden Ableger und im Topf, auf der Fensterbank gelingt die Aufzucht ebenfalls, vor allem weil man nicht viel von dem hocharomatischen Kraut in der Küche braucht.

Basic: Sirup

ERGIBT CA. 1 1/2 L

100 Indianernesselblüten
1 l Wasser oder Apfelsaft
200 g Zucker

■ Blütenblätter in Apfelsaft oder Wasser mit Zucker mindestens über Nacht ruhen lassen.

■ Am nächsten oder übernächsten Tag für 10 Minuten köcheln. Durch ein Sieb geben und noch einmal erhitzen.

■ Noch heiß in Flaschen füllen und mit einem Schraubdeckel verschließen.

VARIATION

Statt Indianernesselblüten können auch folgende Blüten verwendet werden:
50 Rosenblüten
30 Holunderblütendolden
1 Bund angetrockneter Waldmeister
50 Löwenzahnblüten (hier nur das Gelbe)
300 Veilchenblüten (auch hier nur die Blütenblättchen)

Kirschkuchen mit Muskatgarbe

vegan

2 reife Bananen
100 g Margarine
150 g Zucker
150 ml Hafermilch
50 ml Kirschsaft
200 g gemahlene Mandeln oder Cashews
300 g Dinkelmehl
1 Päckchen Weinstein-Backpulver

3 EL Kakao
300 g frische entsteinte Kirschen, Aroniabeeren oder andere Früchte
etwa 2 große Stängel oder 1 Handvoll Blättchen Muskatgarbe

■ Bananen, Zucker und Margarine schaumig rühren, etwas später die Milch und den Saft dazugeben.

■ Den Ofen auf 180 °C vorheizen. Mehl und Backpulver mischen. Dann Nüsse, Bananenmasse, Kakao und die restlichen Zutaten mit einem großen Löffel vorsichtig unterheben.

■ Eine Kastenform mit Butter ausstreichen und bemehlen. Den Teig einfüllen und ungefähr 1 Stunde im vorgeheizten Ofen backen lassen. Anschließend im Ofen auskühlen lassen – oder warm genießen!

Kakao-Kaffee-Likör mit Muskatgarbe

Für 1 l

50 g Kakao Nibs (fein zerstoßene, geröstete Kakaobohnen)
30 g Espressobohnen
150 g brauner Kandis
1 l Vodka
1 Vanilleschote
4 Zweige Muskatgarbe
Orangenschale von 1/2 Orange

Ein Rezept von Marta Meli-Czeburko

■ Alle Zutaten in eine saubere, trockene und verschließbare Flasche oder Karaffe füllen.

■ Bei Zimmertemperatur mindestens 1 Woche lang ziehen lassen, bis der Kandis vollständig aufgelöst ist. Täglich kurz schwenken.

■ Den Likör durch einen Kaffeefilter gießen und in eine Trinkkaraffe abfüllen.

■ Gekühlt in einem Tumbler auf Eis mit einer Orangenzeste oder warm in Likörglas mit einem Häubchen aus aufgeschlagener Sahne servieren.

Kapuzinerkresse

(Tropaeolum) Tropaeolaceae

Nun wird es allmählich Zeit für die Kapuzinerkresse. Im Sommer wächst sie plötzlich ganz schnell und ich täusche mich meistens über ihren Platzanspruch. Sie sieht immer entzückend aus mit ihren kreisrunden Blättern, die riesengroß werden können, und ihren bunten Blüten, die schon nach Kresse und Rettich riechen, wenn man sie nur kurz berührt. Oft gestalte ich die Tischdekorationen mit Kapuzinerkressenranken oder bepflanze die Kübel, die im ganzen Garten verteilt sind. Als Beschattung gegen Austrocknung am Fuße von großen Pflanzen macht sie sich sehr gut. Ihre großen Blätter dienen auch als Unterlage für meine Frühstücksplatten. Als dekorativer und schmackhafter Farbtupfer kommen die Blüten zum Einsatz, ob als i-Tüpfelchen auf einer Suppe oder krönender Abschluss auf einem Kräuterquark.

TIPP

Kapuzinerkressenkapern. Man nimmt entweder die noch geschlossenen Knospen oder die frischen, noch grünen Samen und legt sie in Essig ein.

vegan

Basic: Kapern selbst machen

1 Tasse Knospen oder Samen
1 1/2 Tassen guter Essig
2 Tassen Wasser
etwas Salz und Zucker zum Abschmecken

- Nach Belieben mit Kräuter würzen, die entweder im Sud bleiben oder nach dem Kochen entnommen werden.
- Die Gläser heiß ausspülen und trocknen lassen. Die Knospen oder Samen abwaschen und trocknen.
- Alle Zutaten zusammen ca. 15 Minuten kochen, anschließend in die vorbereiteten Gläser füllen und mit dem Deckel fest zuschrauben.
- Die Knospen oder Samen sollten mit Flüssigkeit bedeckt sein und ca. 4 bis 6 Wochen stehen vor dem Verzehr, um gut durchziehen zu können.

TIPP

Die Kapern lassen sich gut aus Löwenzahn- oder Gänseblümchenknospen, Wegerichblüten oder Kapuzinerkresseknospen oder -samen herstellen.

Borretschgewächse *Boraginaceae*: Elegante Trotzköpfe mit zartem Biss

Diese struppigen Schönheiten muten zunächst so raubeinig an, wenn man sie berührt und sich nicht vorstellen kann, dass man diese raubehaarten Pflanzen essen könnte. Dabei sind diese robust wirkenden Gewächse eigentlich zerbrechlich oder weich und gar nicht so stabil, wie sie scheinen. Es erfordert fast schon Mut, sie beherzt anzufassen und in die Küche zu tragen. Wie so oft bei Pflanzen sind die jungen Blättchen natürlich sehr weich und zart und zergehen nicht nur zwischen den Finger gerieben, sondern letztlich auch auf der Zunge.

Fronhofener Kräuter-Kartoffel-Salat

vegan

1 EL scharfer Senf
1 EL Essig
2 EL Öl
Salz, Pfeffer
1 kg kleine fest kochende Kartoffeln
2 Zwiebeln
1 große Handvoll Kräuter: Borretsch, Schnittlauch, Liebstöckel, Petersilie, Thymian, u. a.
kleine eingelegte Gurken
200 ml Sojasahne
Borretschblüten zum Garnieren

■ Senf, Essig, Öl, Salz und Pfeffer zu einer Marinade verrühren.

■ Kartoffeln kochen, heiß pellen und in Scheiben schneiden, gleich mit der Marinade übergießen. Zwiebeln sehr fein schneiden und unterheben.

■ Kräuter waschen, verlesen, abtrocknen und klein schneiden. Erst nach dem Erkalten zum Salat geben. Die Gurken klein schneiden und dazugeben.

■ Zum Schluss die Crème fraîche unterrühren und eventuell nachwürzen. Mit Kräutern oder essbaren Blüten garnieren.

Tipp

Für Nichtveganer einfach 200 g Crème fraîche oder saure Sahne.

Austernpflanze

(Mertensia maritima) Boraginaceae

Wie ihr Name schon verrät, kommt die nicht behaarte Austernpflanze aus der Meeresgegend. Mit ihren nach Austern oder Pilzen schmeckenden grauen Blättchen und fast türkisfarbenen Blüten ist sie sowohl für das vordere Gartenbeet als auch für den Gaumen eine echte Abwechslung. Im bunten Sommersalat oder kurz gedünstet wird sie zur echten Delikatesse. Die eigentlich mehrjährige Pflanze braucht Platz, um ihren kriechenden Wuchs ausleben zu können, kann aber dafür schön über Topfränder wallen. Ab und an eine Prise Meersalz erhält die Freundschaft und lässt die Pflanze auch Samen bilden und sich heimisch fühlen. Ich habe noch nicht herausgefunden, welche Pflanze ihr Gesellschaft leisten sollte oder ob sie lieber als einziges Juwel behandelt werden mag.

Beinwell

(Symphytum officinale)
Boraginaceae

Ein weiteres Schmuckstück aus der Familie der Borretschgewächse ist der vielseitige Beinwell. Ich habe einst von einem Hunsrück Bachstück rot und weiß blühende Exemplare des Beinwell entnommen, aus denen bei mir im Garten plötzlich rosa Blühende entstanden. Als ich jenen Bachabschnitt nach Jahren wieder besuchte, wucherte dort fast nur noch der Japanische Knöterich. Ich möchte gar nicht wissen, was dem dortigen Bärlauchbestand passiert ist. Jedenfalls ist das Fortleben des bunten heimischen Beinwells in meinem Garten garantiert. Ich nehme die jungen langen weichen Blätter für Salate, Spinat, Suppen und Soßen und ab und an, wenn ich meine Knie überarbeitet habe, bekommen sie über Nacht eine Packung frisch pürierten Brei aus der Beinwellwurzel. Auch bei Sehnenscheidenentzündung mache ich mir einen Umschlag über Nacht und kann am nächsten Tag wieder fleißig jäten und pflücken. Wenn man eine Wurzel vom Beinwell entnimmt, auch um sie vielleicht umzupflanzen, ist das kein Problem. Das obere Stück der Wurzel kann man mit wenig Grün wieder in die Erde stecken und es regeneriert sich oder wächst weiter.

Tipp

Beinwell auf die Baumscheibe von schwächelnden oder kränkelnden Bäumchen pflanzen. Gut ist für Bäume, vor allem für Obstbäume, aber auch eine Bepflanzung mit Brennnessel, Oregano oder Thymian sowie Zwiebelgewächse.

Borretsch einjährig

(Borago officinalis) Boraginaceae

Ohne Borretsch ist ein Kräutergarten kein Kräutergarten, und manchmal wundere ich mich schon gar nicht mehr, wenn die Pflanzen im Naturkräutergarten ihre Variationsfreudigkeit ausleben wollen und ihre Farben, Formen oder Aromen ändern. Dass neben Pflanzen mit den typisch himmelblauen Blüten des Borretsch plötzlich Exemplare mit rein weißen Blüten auftauchten, war dennoch kurios. Diese einjährige Kostbarkeit ist so unglaublich vermehrungsfreudig, dass sie einfach nur an geeigneten Stellen stehengelassen werden muss und der Rest kann als Mulch gejätet im Beet liegen bleiben, oder natürlich als Salat, Würze oder Gemüse in die Küche gebracht werden. Sein frischer gurkiger Geschmack verfeinert nicht nur als typische Zutat die Frankfurter Grüne Soße sondern ist auch ein guter Pflanzennachbar für Gurken und viele andere Kräuter.

Borretsch mehrjährig

(Borago laxiflora) Boraginaceae

Der ausdauernde Bruder des einjährigen Borretsch hat sich in meinen Garten wohl einfach für immer breitgemacht. Seine wirklich fast stacheligen Blätter schmiegen sich rosettenartig an die Erde und treiben irgendwann hübsche Blütenranken aus. Sein Aroma ist ähnlich gurkig und kann auch genauso genutzt werden. Nun, mir ist er wirklich zu rau und ich verpasse es immer, seine noch ganz jungen frischen Blättchen zu ernten. Aber ich mag die Pflanze gerne anschauen und beobachten, wo sie sich gerne aussät oder wohin sie von Ameisen verschleppt wird.

Natternkopf

(Echium vulgare) Boraginaceae

Es gibt so einige Pflanzen, die man einfach nicht übersehen kann, vor allem, wenn man oft mit dem Auto unterwegs ist und die auffälligen Blütenmeere am Straßenrand leuchten. Dazu gehören im Frühling die von Wiesenkerbeldolden weiß gesäumten Böschungen. Im Hochsommer kann man sich an den vorbeirauschenden leuchtend blauen Kerzen des Natternkopfes freuen. Am ehesten sieht man allerlei verschiedene Natternköpfe in kargem steinigen Boden wachsen. Ich habe klitzekleine und riesengroße Natternkopfsorten auf Kreta, in Spanien, Frankreich oder auf Fuerteventura entdeckt, oder wie ich finde, sie haben sich meinem Blick aufgedrängt. Im Naturkräutergarten wächst eine heimische Sorte, deren junge Blätter und blaue Blüten als Salat gespeist werden können.

Ochsenzunge

(Anchusa officinalis) Boraginaceae

Nicht ganz so rau und kratzig, eher sehr haarig kommt die Ochsenzunge daher. Als zweijährige oder mehrjährige Staude wächst sie zu einem meterhohen Prachtstück heran, und man kann sich kaum satt sammeln an ihren Blütenknospen. Die jungen Blätter, Blütenknospen und Blüten verwenden wir in Salaten und als Tellerdeko. Der Geschmack ist sehr milde, ganz leicht an Borretsch erinnernd, aber mit sehr cremiger Konsistenz. Wie alle Raublattgewächse wird auch die Ochsenzunge von allen möglichen Insekten umschwärmt.

Neben oben genannten gehören auch die Lungenkräuter (*Pulmonaria*), viele andere Natternköpfe (*Echium*), Ochsenzungen (*Anchusa*), und die Vergissmeinnichtarten (*Myosotis*) zu den bekannten Raublattgewächsen.

Gefüllte Zucchini mit Boragefüllung

vegan

12 runde oder Patisson-Zucchini (ø ca. 5–7 cm)
1 EL Öl
1 Bund Petersilie, Schnittlauch
1 Tasse getrocknete Kichererbsen oder 200 g Kichererbsenpüree
Salz, Pfeffer
nach Belieben Mandelmus oder Cashewmus

■ 1 Tasse trockene Kichererbsen einweichen, am besten über Nacht, und am nächsten Tag mit etwas Salz kochen, dann pürieren.

■ Die Zucchini waschen, abtrocknen und aushöhlen.

■ Die Kräuter waschen, trocknen und hacken. Mit der Kichererbsenmasse vermischen und mit Salz und Pfeffer abschmecken.

■ Den Ofen auf 170 °C vorheizen. Die Masse in die Zucchini füllen und anschließend in einer Backform, zunächst geschlossen, für eine halbe Stunde im vorgeheizten Ofen backen.

■ Danach das Mandelmus über die Zucchini geben und noch mal ca. 10 Minuten ohne Deckel knusprig backen.

■ Wer mag, kann die kleinen Kürbisse natürlich auch mit Käse überbacken wie hier im Bild.

Tipp

Wer keine Borretschgewächse zur Hand hat, kann dieses Rezept auch mit Pilzen oder anderen milden Kräutern zubereiten. Auch die Würzkräuter lassen sich entsprechend ändern. Ich liebe es zum Beispiel mit Pilzen und Koriander und mische in die Kichererbsen einen Löffel Erdnussmus.

Drei liebliche Sommersalate: Postelein mehrjährig oder Sibirischer Winterportulak

(Montia Sibirica) Montiaceae

Das ausdauernde Postelein kann man wunderbar im Garten, im Wintergarten, auf dem Balkon und als Unterpflanzung von anderen Kübelpflanzen ziehen, um immer davon ernten zu können. Seine Blütchen sind eine feine essbare Dekoration und die saftigen Blätter lohnen einen Versuch.

Portulak

(Portulaca oleracea) Portulacaceae

Besonders saftige Sommersalate mische ich aus Meldeblättern, Austernpflanzenblättern und Blüten. Als saure Note gibt es dazu den Schildampfer und ein wenig Vogelmiere für einen Touch Erbsenschotenaroma. Vor allem aber besteht der Salat aus dem sukkulenten Portulak und dem bizarren Eiskraut.

Eiskraut

(Mesembryanthemum crystallinum) Aizoaceae

Das Eiskraut ist ein typischer Bewohner der Kanaren und der salzigen Küsten am Mittelmeer. So schmeckt es denn auch leicht salzig und knackig und sieht aus als sei es mit Eiskristallen überzogen, dabei würde es keinen Tag Frost aushalten.

TIPP

Im Spätsommer schon mal für den Winter ein paar schöne grüne Vitamine säen wie Feldsalat, Felsenblümchen, Postelein, Kerbel oder Lauchhellerkraut.

Cream-Tea

Für 4 Personen

Für die Scones
280 g Mehl
10–12 g Backpulver
100 g gehackte Zartbitterkuvertüre
76 g kalte Butterwürfel
1 Prise Salz
50 g Zucker
1 Ei
120 g flüssige Sahne

Für die Trinkschokolade
300 g Sahne
200 ml Milch
150 g weiße Schokolade
1/2 Bund Süßdolde
3 Zweige Thymian

Ein Rezept von Michael Daus

■ Für die Scones Mehl, Backpulver und Butter vermengen und in der Küchenmaschine verrühren.

■ Zucker und Salz hinzufügen, das Ei hineinrühren und nach und nach die Sahne unterrühren.

■ Den Ofen auf 180 °C vorheizen. Die gehackte Zartbitterkuvertüre unter den Teig mengen und kleine Scones formen. Im vorgeheizten Ofen ca. 10 bis 12 Minuten backen.

■ Für die Trinkschokolade Milch und Sahne aufkochen. Die weiße Schokolade nach und nach einrühren.

■ Die Kräuter in die heiße Trinkschokolade geben und 5 bis 6 Minuten ziehen lassen. Danach durch ein Sieb in Tassen seihen und mit den Scones genießen.

Tipp

Die fertig geformten Scones ca. 2 Stunden im Kühlschrank kalt stellen, damit sie während des Backens nicht zerlaufen.

Herbstkräuter: Bühne frei für Extravagante und Sonderlinge!

Shiso, Mitsuba, Tade, Wasabi – japanische Würzkräuter und ihre heimischen Verwandten

Mein gelegentlicher Besuch aus Japan, Korea oder Taiwan freut sich immer darüber, ein kleines Stückchen Heimat in meinem rauen Garten vorzufinden. Diese Mischung aus Exotik und Vertrautheit verwundert die Gäste einerseits, sie sind andererseits aber auch sofort bereit, sich auf die fremde Welt tiefer einzulassen. So ergeht es mir ebenfalls, wenn ich ein fremdes Land bereise. Die Pflanzen bieten mir eine sehr natürliche Möglichkeit, mich mit der neuen Welt vertraut zu machen, vor allem wenn ich irgendwelche Verwandtschaften sehe, wie zum Beispiel ganz einfach botanische.

Shiso oder Perilla

(Perilla frutescens) Lamiaceae

Shiso reiht sich zwar in das lange Casting der kulinarischen Lippenblütler ein, übernimmt in Japan aber wohl eine Hauptrolle im Küchenwesen. Es steht so hell im Rampenlicht wie etwa bei uns das Basilikum und moderiert so selbstverständlich jedes Gericht wie unsere Petersilie. Laut meinen japanischen Freunden gibt es nichts, was Shiso nicht würzt, oder keine Weise, in der man ihn nicht nutzen würde. Da mich besonders sein rotblättriger Auftritt magisch anzieht, bin ich natürlich schnell an der, auch Schwarznessel genannten, Perilla hängengeblieben. Leider gibt der Shiso immer nur ein knappes halbes Jahr seine würzige Vorstellung, so wie der Basilikum, dafür sät er sich aber selbst aus und kommt im nächsten Jahr wieder, ob nun draußen, im Gewächshaus oder auf dem Balkon, ob nun mit roten, grünen oder bunten Blättern.

Der Geschmack wird als minzig beschrieben, aber die rote Perilla besticht eindeutig mit einem Kreuzkümmel-Aroma. Die grüne Schwester ist ganz ähnlich würzig, wobei die Nuancen natürlich auch locationabhängig sind. Für mich persiflieren sie nicht nur andere Aromen, sondern haben eben ihren ganz individuellen Ausdruck und passen beide zu Kürbis oder anderen deftigen

Wasabi hinter Hornveilchen.

Speisen. In der Gourmetwelt sind längst die Baby-Shisoblättchen bekannt. Da hat sich eine holländische Großgärtnerei etwas sehr kaufwirksames einfallen lassen und jedwede leicht zu ziehenden Kräuter einfach zu kleinen „Kressen" gemacht. Jetzt heißen junge Shisozöglinge, wie Kresse im Schälchen zu kaufen, einfach Shisokresse. Eine wirklich geniale Idee. Borretschbabys sind Borretschkresse und Miniatur-Zitronenbasilikum wurde Limonenkresse oder ähnlich. So halten altbekannte Kräuter und diverse Exoten einen neuen oder geheimnisvollen Einzug in die feine Küche.

vegan

Sushi mit Shiso

250 g Sushireis
1 großer Bund Schnittknoblauch
1 EL Sojasauce
20 große Shisoblätter, 10 davon mit Stängel
Salz, Pfeffer

■ Den Reis kochen und abkühlen lassen.

■ Die Kräuter waschen, trocknen, mit dem Schnittknoblauch fein schneiden und mit dem Reis vermischen. Mit Sojasauce, Salz und Pfeffer würzen.

■ Die Reismasse zu Bällchen formen, in ein Shisoblatt ohne Stängel geben und ein Blatt mit Stängel herumwickeln. Den Stängel feststecken.

Gegrillter Wolfsbarsch – Loup de mer

Für 4 Personen

4 Wolfsbarschfilets
Salz, Pfeffer

Für die Marinade
2 Knoblauchzehen
3 großer Zweig Rosmarin
Abrieb von 1 Orange
Olivenöl

Für die Vinaigrette
1 Schalotte
je 1 Handvoll Japanischer Wasserpfeffer, Borretsch, Schildampfer, Kapuzinerkresse, Olivenkraut
Abrieb von 1/2 Orange
1 TL Senf
3 EL Fisch- oder Gemüsefond
2 EL Balsamico
3 EL Olivenöl von der Fischmarinade
Salz, Pfeffer, Zucker

■ Die Fischfilets wenn nötig entgräten und entschuppen. Die Knoblauchzehen schälen und grob zerkleinern. Die Rosmarinnadeln abstreifen und hacken. Den Fisch in Öl einlegen und Orangenabrieb, Rosmarin und Knoblauch hinzugeben. Etwa 3 Stunden im Kühlschrank marinieren lassen.

■ Für die Vinaigrette die Schalotte schälen und in kleine Würfel schneiden. Alle Kräuter klein schneiden. Die restlichen Zutaten mit einem Mixstab vermengen. Die geschnittenen Kräuter und Schalottenwürfel hinzugeben und mit Salz, Pfeffer und Zucker abschmecken.

■ Den Fisch aus der Marinade nehmen, mit Salz und Pfeffer würzen und über der Glut auf einem geölten Rost grillen. Die Vinaigrette über den gegrillten Fisch träufeln.

Ein Rezept von Sascha Daniels

Mitsuba oder Japanische Petersilie

(Cryptotaenia japonica) Apiaceae

Die Japanische Petersilie übernimmt die Rolle der asiatischen Verwandten unserer Petersilie, zwar nicht sehr deutlich im Geschmack, aber immerhin als kulinarisches Doldengewächs. Mitsuba bedeutet Dreiblatt und charakterisiert in vorzüglicher Weise ein typisches Merkmal der Doldengewächse, die gerne die Dreigliedrigkeit ihrer Blätter und deren Spielarten vorführen. Ich weiß nicht, warum mir das so sehr gefällt, zumal dann noch als rotblättrige Pflanze. Im Grunde ziehe ich diese Japanische Petersilie hauptsächlich ihrer anmutigen Gestalt wegen. Natürlich kommt sie nicht nur in roter Form vor, sondern vor allem mit grünen Blättern, und bringt uns eine eigenartige Geschmacksmischung zwischen Sellerie, Petersilie und Möhre. Wir verwenden das ganze frische Kraut mit Blatt und Stängel fein gehackt oder nehmen die Blätter zum Einwickeln.

Tipp: Die mehrjährige Mitsuba kann man sehr leicht auch auf der Fensterbank kultivieren oder ihr natürlich auch einen dauerhaften Platz im Garten geben, sofern er schön feucht und halbschattig ist, denn die Heimat der Mitsuba sind lichte Wälder.

vegan

Petersilien-Möhren-Brotaufstrich

1 Zwiebel
100 ml Olivenöl
250 g Möhren
200 g feste Tomaten oder 100 g Tomatenmark
2 EL Japanische Petersilie oder Petersilie
1 Prise Rosmarin und Thymian
1 TL Salz
1 Prise Pfeffer oder frisch geriebener Ingwer

- Die Zwiebel fein hacken und in dem Olivenöl anbraten. Die Möhren fein raspeln und die Tomaten fein hacken.

- Beides zu den Zwiebeln geben. Bei Verwendung von Tomatenmark dieses erst zugeben, wenn die Möhren gar sind. Das ganze etwas einköcheln.

- Dann die übrigen Zutaten und Gewürze untermengen und anschließend in einem Blender oder mit einem Mixstab pürieren. In saubere Schraubgläser füllen. Der Aufstrich ist ein paar Tage im Kühlschrank haltbar.

Tade oder Japanischer Wasserpfeffer

(Polygonum hydropiper fastigiatum)
Polygonaceae

Tipp

Am Teichrand gepflanzt bringt er wunderschöne Akzente und Schatten für andere kleine Teichgewächse. Er keimt im nächsten Jahr wahrscheinlich wieder von selbst an Ort und Stelle. Tade wächst aber ebenso gut im normalen Gartenbeet oder gut gewässert auch im Topf, wo er dann aber eine Solorolle haben will und nur üppig als Alleinunterhalter gedeiht.

Tade sieht unserem heimischen Wasserpfeffer zum verwechseln ähnlich und könnte letzteren einfach mal auf die kulinarische Bühne bitten, fänden wir ihn doch an feuchten halbschattigen Stellen in der Natur. Meine japanischen Freunde berichteten mir, dass Tade zwar in der Küche genutzt wird, als wildes Unkraut aber die Reisfelder plagt. So üppig und wüchsig stellt er sich auch von Jahr zu Jahr selbst ein. Im Gewächshaus keimt er in Massen immer wieder an derselben Stelle und um ihn zu vermehren und zu ernten, muss ich ihn quasi nur jäten.

Seine hübschen rot-grün gefleckten Blätter begeistern die Küchenwelt und sind mit ihrer knackigen Schärfe eine starke Konkurrenz zum Chili. Die Schärfe vergeht allerdings nach kurzer Zeit wieder im Mund und ärgert einen sicher nicht im Magen.

Sushi mit Japanischem Wasserpfeffer

200 g Sushireis
Salz, Zucker
Reisessig
3 Stängel Japanischer Wasserpfeffer
2 EL Joghurt

Ein Rezept von Sascha Daniels

■ Den Sushireis nach Anweisung zubereiten und abkühlen lassen.

■ Vom Japanischen Wasserpfeffer Blüten und Blätter trennen. Die Blätter kurz in kochendem Wasser blanchieren und auf Küchenkrepp trocknen lassen.

■ Den abgekühlten Sushireis mit dem Joghurt und den japanischen Wasserpfefferblüten vermengen.

■ Anschließend die Reismasse in die Blätter einwickeln und kalt servieren.

■ Als Dip passt ein mit Zitrone abgeschmeckter Naturjoghurt.

Zwei weitere Garten- und Gaumenexoten: Vietnamesischer Koriander

(Polygonum odoratum)

Polygonaceae

Zu meiner Freude kann ich auf zwei hübsche Garten- und Teichrandpflanzen zurückgreifen, wenn ich mal keinen normalen Koriander zur Hand habe. Ein Verwandter von Tade und all unseren Knöterichgewächsen ist der Vietnamesische Koriander, der sich wiederum leicht auch im Topf ziehen lässt. Zwar ist er mehrjährig, aber Frost und Trockenheit mag er dennoch nicht. Man braucht nur eine Pflanze, um ab und an mit seinen intensiv aromatischen Blättern zu würzen.

Vap Cha

(Houttuynia cordata) Saururaceae

Ebenfalls aus Asien stammt der Eidechsenschwanz oder eben das Vap Cha genannte Buntblatt. Letzteres ist auch seine Bezeichnung als Zierpflanze, wie man sie in gut sortierten Gärtnereien bekommt. Vap Cha hält sich sehr bescheiden aber hartnäckig im Garten oder noch besser am Teichrand und schmeckt zitronig-korianderig. Zudem sieht es mit seinen bunt gefärbten Blättern einfach köstlich aus.

Koriander-Polenta-Schnitte

Für ca. 10 Stück

300 ml Gemüsebrühe
100 g Maisgrieß
je 1 Handvoll Korianderblätter, Schnittlauch, Petersilie
Salz, Pfeffer, Muskatnuss
2 EL Margarine

■ In die kochende Gemüsebrühe den Grieß einrühren, 2 Minuten umrühren und abkühlen lassen. Dann die Margarine dazugeben.

■ Den Ofen auf 150 °C vorheizen. Die Kräuter klein schneiden, in die erkaltete Masse einrühren und abschmecken.

■ In eine rechteckige Auflaufform geben und im vorgeheizten Ofen ca. 30 Minuten backen, bis sich der Rand löst.

■ Aus der Form stürzen und in Rechtecke schneiden.

Wasabi

(Wasabia japonica) Brassicaceae

Der berühmte Akteur Wasabi tritt nur als grünes Pseudonym der scharfen Wurzel auf die Bühne, ob als Würze für Chips, als Erdnussmantel oder in Form von grüner Paste. Ihn selbst erwischen wir nie wirklich im Rampenlicht, es sei denn, wir ziehen ihn selbst oder gehen in ein Sternerestaurant oder in einen Delikatessenladen. Und ja, ihn selbst ziehen können wir ganz leicht, wo immer wir wollen. Ob im Beet, im Gewächshaus, auf dem Balkon oder der Fensterbank. Mir fressen leider die Schnecken immer wieder die schönen großen Blätter kaputt, auch wenn die Wurzel keinen Schaden nimmt, schwächt es, denke ich, auf Dauer die Pflanzen, die trotz aller Unkompliziertheit lieber an japanischen Bergbächen wohnen würden. Immerhin hat es einen triftigen Grund, warum Wasabi sich immer vertreten lässt: entweder ganz oder gar nicht. Seine typischen Eigenschaften als scharfes Kohlgewächs zeigt er nur frisch und das auch nur sehr kurze Zeit. Frisch geriebener Wasabi verliert seine vielfältigen, darunter auch scharfen, Aromen sehr schnell. Und daher lohnt sich der eigene Anbau nämlich auch – der Wasabi kann viel mehr als nur scharf! Seine großen runden fleischigen Blätter erinnern an die zarte Blattform seines europäischen Verwandten, der Knoblauchsrauke. Man wird aber überrascht sein, dass die cremigen Blätter eher kohlig denn scharf munden. Meine veganen Sushis wickele ich entweder in Shiso- oder Wasabiblätter ein.

Pfefferkraut, der „heimische Wasabi"

Pfefferkraut

(Lepidium latifolium) Brassicaceae

Zurzeit noch in Nebenrolle beschäftigt ist der heimische Vetter vom Wasabi auf dem guten Weg zu besserer Bekanntheit. Wir finden ihn noch unentdeckt an europäischen Küsten, aber auch an Flussläufen, wie zum Beispiel an der Mosel. Im Garten gibt er nicht nur Gastrollen und lässt trotz seiner unterirdischen Wanderungen durch das ganze Gelände allen anderen Gewächsen noch genügend Platz. Mit einer Hauptrolle im Topf wird es ihm schnell zu eng und trocken.
Hat man ihn aber einmal kultiviert, kann man ihm nach Lust und Laune frönen, ohne ihm zu schaden, und wird feststellen, dass seine Blätter eigentlich genau so schmecken, wie wir uns immer den Auftritt vom Wasabiaroma vorgestellt hatten. So bekam die, auch Ausdauernde Kresse genannte, Pflanze den Namen heimischer Wasabi bei uns.

vegan

Pfefferkrautpesto

120 ml Olivenöl
40 g Pinienkerne
15 g frischer Ingwer
4 g Salz
1 Bund Pfefferkraut (ohne Stiele)

Ein Rezept von Jens Stempel

■ Die Pinienkerne ohne Öl in einer Pfanne anrösten – nicht zu heiß – dann abkühlen lassen. Den Ingwer schälen.

■ Olivenöl, Ingwer, Salz und grob gehacktes Pfefferkraut in einem Blender oder mit dem Pürierstab zu einer Pestomasse pürieren. Zum Schluss die Pinienkerne kurz untermixen, damit sie nicht zu fein werden.

■ Das Pesto in kleine Gläser mit Schraubdeckel füllen, mit Olivenöl bedecken und gut verschließen. Es hält sich im Kühlschrank einige Tage.

Intermezzo mit Schnittlauch und Co.

Im zeitigen Frühjahr erwecken zunächst Weinberglauch, Kohllauch und Bärlauch unsere winterschlafenden Lebensgeister, um dicht von den Trieben des Schnittlauchs und Knoblauchs gefolgt zu werden. Aber auch das Laub der Küchenzwiebeln *(Allium cepa)*, ob weiß, rot oder gelb, und der Schalotte *(Allium ascalonium)*, deren Zwiebeln man im Herbst des ersten Jahres erntet, könnte man wie großen Schnittlauch verwenden. Doch man erntet natürlich eigentlich im späten Sommer die Zwiebeln. Ganz im Gegensatz zur Luftetagenzwiebel *(Allium cepa var. Viviparum)* und der Winterzwiebel *(Allium fistulosum)*, deren Laub man das ganze Jahr genießen kann und schließlich folgt im Herbst der Lauch oder Porree *(Allium ampeloprasum, Syn.: Allium porrum)*, von dem man dann die ganze Pflanze isst.

Weinberglauch

(Allium vineale)

Auffallen werden die zarten Röhrchen des Weinberglauchs im Frühjahr, wenn man sich über dunkles, blauschimmerndes Gras an Böschungen wundert. Dann hat man ihn vielleicht auch schon in Weinbergen übersehen oder gar im eigenen Garten, so wie es mir erging. Plötzlich fiel er mir auf und wurde gehegt und gepflegt, das heißt, ich fuhr mit dem Rasenmäher um ihn herum, und nun hat er sich mit seinen feinen Röhrchen unter dem Birnbaum ausgebreitet.

Seine Röhren sind zwar sehr fein, aber er ist bissfester als sein Bruder, der Schnittlauch, und er bildet neben Blüten auch gleich kleine Zwiebelchen aus, die man essen kann oder wieder einpflanzen.

Schnittknoblauch

(Allium tuberosum)

Der in Asien viel verwendete Schnittknoblauch hat ganz flache Blätter, die man das ganze Jahr über ernten kann, und sein feiner Knoblauchgeschmack würzt meine Sushikreationen am liebsten. Er lässt sich wunderbar auch im Topf kultivieren, ist frosthart und blüht ähnlich wie Bärlauch, dessen Blüten man ja ebenfalls essen kann.

TIPP

Alle Blüten von Kräutern sind auch essbar und bereichern mit ihren oftmals abgewandelten Aromen die Gerichte.

Ross- oder Kohllauch

(Allium oleraceum)

Ähnlich wie der kleine Weinberglauch, die Röhren aber zu einer Seite eher konkav ausgeprägt, und insgesamt größer, kann man auch ihm in fast ganz Europa begegnen. Eine Bekannte gab mir einst ein paar Zwiebeln, und nachdem es ihm sofort in unserem Garten gefiel, hat er sich ein paar Ecken reserviert und pflanzt sich munter fort. Daher entnehme ich häufig ganze Pflanzen mitsamt der Zwiebel, um mit ihrer Würze den Speiseplan abzuwandeln. Im Grunde sind beide Laucharten wie Schnittlauch zu verwenden, während Weinberglauch einen Hauch Knoblauch mitbringt, schwingt der Kohllauch eher in Richtung Porree.

Weinraute – Schokoladiges Kokosgeheimnis

(Ruta graveolens) Rutaceae

Inspiriert durch die römischen Küchenkreationen beschäftigte ich mich schließlich doch intensiver mit der Weinraute, zu der ich zunächst ein zwiespältiges Verhältnis hatte. Es ist auch immer die Verlockung der verbotenen Frucht, die einen treiben kann, ein renitentes Verhalten, wenn die öffentlich-rechtliche Meinung so schnell irgendwelche Dinge behauptet, verbietet oder bestimmt. So hatten Beinwell, Waldmeister oder Weinraute zeitweise einen so schlechten Ruf, und die Angst vor krebserregend wirkt immer, dass sie ganz schnell aus aller Köpfe und Munde vertrieben waren. Im Bereich der Kräuter herrscht viel Entmündigung und so muss jeder selbst wissen, was er tut. Meine Verantwortung mit den Anregungen in diesem Buch will ich dadurch nicht schmälern, aber da jeder Mensch völlig verschieden auf Inhaltsstoffe und deren Zusammensetzungen reagiert, weise auch ich darauf hin, lieber erst einen Arzt zu fragen und andere Meinungen und Forschungen zu Rate zu ziehen, bevor man lustig mit Kräutern experimentiert.

Ich habe mich an die Empfehlungen von hoher Vitamin-C-Dosis gehalten und mich erst später über Blutungen gewundert, die ich daraufhin hatte. Auch Weißkohl, respektive Filderkraut, ließ meinen Uterus verkrampfen und meinen ganzen Zyklus durcheinanderbringen. Wir sind alle Individuen, die sich genau beobachten sollten.

Nichtsdestotrotz ist die Weinraute eine hervorragende Rosenbegleiterin, eine schöne Heckenpflanze, und ihre Aromen sind rätselhaft und ich habe ihr sicher noch nicht alle Geheimnisse entlockt.

Meine kulinarischen Experimente blieben schließlich an Sahneauszügen hängen. Kleingehacktes von einem Stängel Weinraute über Nacht in Sahne eingelegt ergibt eine regelrechte Kokossahne, die man abseiht und für diverse Speisen verwenden kann. Mit der aufgeschlagenen Sahne verfeinere ich Suppen oder kreiere Schokoladentrüffel oder Sahnetorten.

Focaccia mit Olivenkraut oder Currykraut

Für ca. 10 Stück

Für den Teig
1/2 Würfel oder
1 Päckchen Hefe
300 g Dinkelmehl
100 ml Wasser, nach Bedarf mehr
5 EL Olivenöl
1 EL Meer oder Steinsalz

Für den Belag
2 EL Olivenöl
Oliven entsteint
Olivenkraut, Currykraut oder klassisch mit Rosmarin
Salz

■ Hefe mit etwas lauwarmen Wasser glatt rühren. Restliches Wasser, Öl, Salz dazu rühren und anschließend das Mehl unterkneten. Für 30 Min. an einem warmen Ort gehen lassen.

■ Den Ofen auf 200 °C vorheizen. Den Teig nochmals kneten und 8 bis 10 flache Fladen formen.

■ Die Oliven in die Fladen drücken und mit Olivenkraut oder gehacktem Currykraut und Salz bestreuen – anschließend mit dem Olivenöl beträufeln und für 10 bis 15 Minuten im vorgeheizten Ofen backen.

■ Das Olivenkraut verstärkt den deftigen Geschmack der Focaccia und Currykraut kann man kleingeschnitten auch in den Hefeteig hineinkneten. Letzteres mache ich selbst sehr gerne und nehme für eine Focaccia eine ganze Handvoll Kräuter.

Ysop

(Hyssopus officinalis) Lamiaceae

Wie die Weinraute erlebt auch der Ysop kulinarisch noch ein Schattendasein, obwohl er bei den Römern noch beliebt war. Er ist im Garten mit seinen lockenden tiefblauen, weißen oder rosa Blütchen ein wahres Insektenparadies. Ich glaube, meine Mutter erzählte mir von seiner typischen Verwendung für Fleischgerichte, und seine heilkräftigen Eigenschaften erlaubten mir die Schlussfolgerung, ihn zu Hülsenfrüchten zu genießen oder süßen Marmeladen eine herbe Note zu verleihen. Sein eindringliches vielschichtiges Aroma, herb und dunkel irgendwie, verbinde ich aber letztlich mit Waldaromen und würde ihn jederzeit zu Wildgerichten empfehlen.

vegan

„Quittenkraft“

Ergibt ca. 10 Gläser à 200 g

1,8 kg Quitten
200 g Sanddorn
5 Stängel Ysop
ca. 700 g Gelierzucker 2:1

■ Die Quitten waschen und halbieren. Zusammen mit dem Sanddorn, dem Ysop und etwas Wasser im Dampftopf aufkochen und nach dem Abdampfen durch ein Sieb streichen.

■ Den Saft abmessen und nach Angabe mit Gelierzucker kochen. Die heiße Masse in Gläser füllen und mit einem Schraubdeckel verschließen.

■ Der Ysop verleiht diesem Fruchtaufstrich zusätzlich eine fruchtig-würzige Note.

Ysop-Linsen-Salat

vegan

500 g Linsen
2 l Wasser
1 Lorbeerblatt
3 Stängel Thymian
je 1 rote und weiße Zwiebel
100 g Champignons
1 EL eingelegter grüner Pfeffer
Salz, Essig, Öl
je 1 Handvoll frischer Ysop, Liebstöckel, Petersilie, Schnittlauch
1 kleine Dose Mandarinen
essbare Blüten zum Garnieren

■ Linsen nach Angabe einweichen und mit Lorbeer und Thymian nicht zu weich kochen. Das Wasser sollte eine Handbreit über den Linsen stehen.

■ Das Wasser abgießen, die Linsen abkühlen lassen und Lorbeer und Thymian entfernen.

■ Die Zwiebeln klein schneiden. Die Pilze in Scheiben schneiden. Beides zusammen dünsten und abkühlen lassen.

■ Die Kräuter klein schneiden. Alle Zutaten miteinander mischen, salzen und grünen Pfeffer, Essig und Öl dazugeben.

■ Zuletzt die abgetropften Mandarinen vorsichtig unterheben. Den fertigen Salat mit essbaren Blüten garnieren.

Zitronenverbene

(Aloysia citrodora, Syn.: Aloysia triphylla) Verbenaceae

Wenn ich im Sommer durch mein Gewächshaus gehe, erinnert mich die Zitronenverbene täglich an ihre frische und süße Existenz. Da sie dicht am Weg steht, streift man im vorbeigehen unweigerlich ihre ausladenden Zweige und badet in unvergleichlichem Zitronenaroma.
Ursprünglich aus Südamerika stammend bedarf die Zitronenverbene des einfachen Winterschutzes. Sie kann aber gut in kalten Räumen überwintern und lässt sich dann sehr lange Zeit, bis sie im späten Mai wieder erscheint. Meist sprießen wieder ganz neue Triebe, sodass man die Verveine, als die sie in Frankreich sehr beliebt ist, im Herbst noch kräftig ernten kann. In den letzten Jahren fällt sie mir zu allerlei Gerichten ein, die sie mit ihrer intensiven Zitronennote verfeinern kann. Neben dem Klassiker als abendliches Teekraut fehlt sie in keiner meiner Tomatensoßen. Aber auch für kalte Getränke und Desserts, als Abrundung des Geschmacks für Smoothies und Brotaufstriche ist sie ein wahrer Alleskönner.

Quittencrumble

Für die Quitten
4 Quitten
1 Handvoll Zitronenverbene
100 g Zucker
300 ml Apfelsaft
100 ml Orangensaft
100 ml trockener Riesling

Für den Crumble
100 g Zucker
200 g Mehl
100 g Haferflocken
1 TL gemahlener Zimt
180 g Butter (Zimmertemperatur)

■ Für die Quitten Zucker in einem Topf karamellisieren. Mit Wein, Apfel- und Orangensaft ablöschen. Die Zitronenverbene klein schneiden und hinzugeben. Über Nacht ziehen lassen.

■ Am nächsten Tag die Quitten schälen, vierteln und das Kerngehäuse entfernen. Die Quittenviertel in fingernagelgroße Würfel schneiden.

■ Die Zitronenverbene aus dem Sud sieben und die Quitten im Sud weichkochen.

■ Den Ofen auf 200 °C vorheizen. Für den Crumble alle Zutaten zu einem Teig verkneten und auf ein Backblech zupfen. Im vorgeheizten Backofen etwa 20 bis 30 Minuten backen. Lauwarm mit den Quitten anrichten.

■ Den Sud von den Quitten mit etwas frischer Zitronenverbene aufmixen und als Shake dazuservieren.

Für den Shake
Quittensud
etwas Zitronenverbene

Ein Rezept von Sascha Daniels

Rinderkotelett an Aprikosen-Zitronenverbene-Konfitüre und Kräutersud-Kartoffeln

Für 2 Personen

Für das Kotelett
400 g Rinderkotelett
200 g Schalotten
4 Zweige Thymian
1 Zweig Rosmarin
4 Blätter Japanischer Wasserpfeffer
2 TL Meersalz
80 g Butter in Würfeln

Für die Kräutersud-Kartoffeln
je 1 Bund Schildampfer, Petersilie, Basilikum, Süßdolde und Kerbel
4 Blätter Japanischer Wasserpfeffer
500 g kleine festkochende Kartoffeln
50 g Butter in Würfeln

Für die Konfitüre
500 g Aprikosenspalten
200 ml Orangensaft
100 g Zucker
3 EL Gelierzucker
1/2 Bund Zitronenverbene
Salz, Pfeffer

■ Den Ofen auf 120 °C vorheizen. Das portionierte Rinderkotelett mit den Kräutern mithilfe von Küchengarn umwickeln.

■ Dann großzügig mit Meersalz würzen und in einer heißen Pfanne scharf von beiden Seiten anbraten. Die Schalotten hinzufügen.

■ Das Rinderkotelett auf den Zwiebeln liegend im vorgeheizten Ofen bei Umluft ca. 10 Minuten garen, bis die Kerntemperatur bei ca. 48 bis 50 °C liegt. Dann 10 bis 12 Minuten bei offenem, ausgeschaltetem Ofen ruhen lassen.

■ Für die Kräutersud-Kartoffeln die Hälfte der Kräuter fein hacken. Den Rest zusammen mit den Kartoffeln mit Wasser aufsetzen. Mit Salz abschmecken und die Kartoffeln darin garen.

■ Für die Konfitüre die Aprikosenspalten in einen Topf geben. Den Gelierzucker mit Kristallzucker mischen und zusammen mit Orangensaft unter die Aprikosen mengen. Alles zusammen 3 bis 4 Minuten stark köcheln lassen.

■ Die Zitronenverbene in feine Streifen schneiden und nach der Kochzeit unter die Aprikosen mischen. Mit Salz und Pfeffer abschmecken.

■ Das fertige Kotelett mit der Butter in der Pfanne von beiden Seiten anbraten.

■ Die Butterwürfel in einem Topf flüssig werden lassen, die gehackten Kräuter hinzufügen und die gekochten Kartoffeln darin schwenken.

■ Das Kotelett mit den Kräutersud-Kartoffeln anrichten und mit etwas Kräuterbutter übergießen. Dazu die Konfitüre reichen.

Tipp

Die Temperatur sollte im Kern des Rinderkoteletts zwischen 48 und 52 °C betragen.

Ein Rezept von Michael Daus

Lammhaxe auf Kürbis-Honig-Risotto mit Zitronenverbenenjus

Für 4 Personen

4 Lammhaxen
300 g Risottoreis
1 Hokkaido-Kürbis
3 Karotten
2 mittelgroße Zwiebeln
1/4 Sellerieknolle
1 Stange Lauch (nur der weiße Teil)
3/4 l Gemüsebrühe
1/2 l Lammfond
1/4 l Weißwein
1 Lorbeerblatt
1/4 l Rotwein
3 EL Butterschmalz
Olivenöl
2 EL Mascarpone
2 EL flüssiger Honig
1 EL Tomatenmark
50 g frisch geriebener Parmesan
ca. 10 Blätter Zitronenverbene
Gundelrebe zum Garnieren
evtl. Soßenbinder
Salz, Pfeffer und Muskatblüte

Ein Rezept von Freddy Bürkle

■ Die Lammhaxen abspülen, trocken tupfen und gegebenenfalls von Sehnen befreien.

■ Eine Zwiebel schälen und in grobe Würfel schneiden. Karotten, Sellerie und Lauch waschen und in grobe Stücke schneiden.

■ Den Ofen auf 170 °C vorheizen. Butterschmalz in einem Bräter erhitzen und die Lammhaxen von jeder Seite scharf anbraten.

■ Die Haxen herausnehmen, das Gemüse zugeben und unter gelegentlichem Rühren Farbe ziehen lassen. Das Tomatenmark unterrühren und ebenfalls anbraten. Mit Rotwein und Fond ablöschen und den Bratensatz lösen. Die Haxen salzen und pfeffern, nebeneinander in den Bräter legen und im vorgeheizten Backofen etwa 1,5 Stunden schmoren.

■ Währenddessen eine zweite Zwiebel schälen und in feine Würfel schneiden. Den Kürbis von Strunk, Stiel und Kernen befreien und ebenfalls in Würfel schneiden, einige davon zum Garnieren beiseitestellen. Etwas Olivenöl in einem Topf erhitzen, Zwiebel- und Kürbiswürfel darin farblos andünsten. Den Reis zugeben und ebenfalls etwas andünsten. Wein und Lorbeerblatt zugeben und aufkochen lassen.

■ Nun 700 ml Gemüsebrühe unter stetigem Rühren nach und nach einrühren, bis der Reis nach etwa 20 Minuten die gewünschte Bissfeste erreicht hat. Dann vom Herd nehmen.

■ Wenn sich das Fleisch der Haxen vom Knochen lösen lässt, diese aus dem Soßensatz nehmen und in Alufolie im ausgeschalteten Ofen warmhalten.

■ Die Soße durch ein Sieb passieren und bei starker Hitze reduzieren lassen. Wenn es etwas schneller gehen soll, kann man ein wenig Soßenbinder einrühren. Danach die Zitronenverbene zugeben, mit Salz und Pfeffer abschmecken und bei schwacher Hitze ziehen lassen.

■ Den Risotto mit der restlichen Gemüsebrühe bei milder Hitze wieder erwärmen. Mascarone und Parmesan unterrühren und mit Salz, Pfeffer, Muskatblüte und dem Honig abschmecken. Die restlichen Kürbiswürfel in etwas Olivenöl anbraten, mit Salz und Pfeffern würzen.

Tipp

Die Lammhaxe ist bei 75 °C rosa, bei über 80 °C durch. Bei etwas mehr Zeit kann man die Haxen über Nacht bei 80 °C 10 bis12 Stunden lang garen, so werden sie butterzart.

Tipp

Den Risotto hügelförmig auf Tellern anrichten, die Haxen hineindrücken, sodass sie stehenbleibt. Die Soße ohne die Kräuter an die Haxen gießen und das Ganze mit den Kürbiswürfeln und Gundelrebe garnieren.

ROBERT
HERDER
ROSTFREI

Currykraut und Olivenkraut

(Helichrysum italicum) Asteraceae und (Santolina viridis) Asteraceae

Seit vielen Jahren erfreuen das silbergraue Currykraut und das grasgrüne Olivenkraut nun schon meine Cafégäste, Gartenbesucher und Kräuterkunden. Beide Kräuter stammen eher aus südlichen Gefilden, können aber auch hier im Garten und sowieso auf dem Balkon oder der Fensterbank gedeihen, wo sie zu üppigen Büschen heranwachsen. Da man nicht viel ernten muss, um Speisen sehr dominant mit diesen beiden Kräutern zu würzen, reicht schon eine einzige Pflanze.
Die Namen sind Programm und so obliegt es dem Currykraut, auch mal ein echtes Curry zu würzen, oder dem Olivenkraut, eine Focaccia zu zieren. Wir nehmen die frischen weichen Olivenkrautzweige und kneten sie kleingehackt in unsere Olivenkraut-Brötchen. Oder wir geben sie, ebenfalls gehackt, an geschmorte Tomaten.

Olivenmuffins

Für 12 Muffins

1 Handvoll Olivenkraut, Fenchel und Weinraute
2 EL Sahne

- Am Vortag die Kräuter waschen, trocknen und klein schneiden. Mit der Sahne vermischt über Nacht ziehen lassen.

- Aus den angegebenen Zutaten einen Rührteig rühren und die am Vortag eingelegten Kräuter mit der Sahne untermischen.

- Den Ofen auf 150 °C vorheizen. In Muffinförmchen füllen und mit einer halben Olive verzieren. Im vorgeheizten Ofen ca. 30 Minuten backen, Stäbchenprobe machen!

Für den Rührteig
180 g Mehl
1 TL Backpulver
50 g Parmesan
1 Prise Salz
3 Eier
1/8 l Milch
100 g Butter
Oliven zum Verzieren

Olivenkraut-Brötchen

Basic: Hefeteig
500 g Mehl
1/2 Würfel Hefe
1 Tasse warme Milch oder Wasser
1 TL Zucker
1 Prise Salz

1 Handvoll Olivenkraut

■ Aus dem Mehl, Hefe, Zucker, Salz und Flüssigkeit einen Hefeteig kneten und für ca. 30 Minuten an einem warmen Ort zugedeckt gehen lassen.

■ Das Olivenkraut waschen, trocknen, verlesen und abstreifen. Die kleinen schmalen Blättchen klein schneiden und mit dem Hefeteig verkneten.

■ Den Teig in kleine Portionen teilen, in Förmchen füllen und nochmals gehen lassen.

■ Den Ofen auf 150 °C vorheizen und die Brötchen darin etwa 30 Minuten backen.

Es grünt so grün …
Winterkräuter

Winterkräuter – Wärmende Virtuosen

Für die grünen Winterfreuden benötigt man ein wenig Fläche, denn auch wenn es die folgenden Kräuter schaffen, Schnee, eisigem Wind oder selbst Frost zu trotzen, brauchen wir genügend Platz, um adäquate Mengen sammeln zu können. Wer die Vorzüge eines Gewächshauses genießen kann, dem sind diese Kräuter ebenso wärmstens empfohlen.

Feldsalat

(Valerianella locusta) Valerianaceae

Allen voran gedeiht der wohlbekannte Feldsalat, den es mittlerweile zu jeder Jahreszeit gibt. Und ich muss sagen, seit einigen Jahren wächst er auch bei mir im Garten und im Gewächshaus immer. Es gibt immer einige Exemplare zwischen all den anderen Kräutern und es umarmt mich beim Anblick ein wärmendes Gefühl zu diesem cremig-zarten Gewächs. Ich fühle mich als große Beschützerin dieses winzigen Baldriankrautes, wenn ich es überall aufkeimen sehe, unermüdlich jahraus, jahrein. Dabei ist es doch eher umgekehrt, dass mich sein treues Begleiten tief beruhigt und ich seiner Präsenz immer gewiss sein kann. So schmerzt es mich fast, wenn ich seine ausladende Gestalt im Sommer reduzieren muss, um den anderen Pflanzen auch noch ein wenig Platz zu gönnen. Auf diese Weise ist die Kontinuität aber gewährleistet und ich muss ihn niemals säen, sondern kann mich darauf verlassen, dass die kleinen Rosetten des Feldsalates zuhauf im Winter wachsen.

Maigas Kürbiskuchen

Für den Mürbteigboden
250 g Mehl
50 g Zucker
1 Prise Salz
1 Ei
125 g Butter

Für die Füllung
1 Hokkaidokürbis (ca. 500 g)
4 Eier
1 Prise Salz
100 g Zucker
100 g gemahlene Mandeln, Cashews oder Walnüsse
2 EL Dinkelmehl
1 Bund frischen Shiso und/oder Muskatgarbe, aber auch Japanischer Wasserpfeffer ist sehr lecker

■ Aus den Zutaten für den Mürbteigboden einen glatten Teig herstellen und kalt stellen, bis man die Füllung zubereitet hat.

■ Den Hokkaidokürbis ungeschält, entkernen und entweder im Backofen oder in einem Topf mit etwas Wasser garen und anschließend mit dem Stabmixer fein pürieren. Man kann den Kürbis auch in kleinen Stückchen kurz in Butter anrösten, dann mit ein wenig Wein oder Wasser ablöschen und gar köcheln.

■ Die frischen Kräuter klein hacken.

■ Backofen auf 200 ° C vorheizen.

■ Die Eier trennen. Eigelbe und 80 g Zucker schaumig rühren. Vorsichtig das Kürbispüree, Mandeln, Kräuter oder Gewürze unterrühren. Die Eiweiße mit dem Rest Zucker und 1 Prise Salz steif schlagen und unterheben.

■ Den Mürbeteig dünn ausrollen, sodass er etwas größer ist als die Springform die damit ausgelegt wird, sodass auch der Rand vollständig bedeckt ist. Die Kürbismasse auf den Teig geben und bei 200° ca. 45 Minuten backen.

■ Auf einer Platte oder einem Teller anrichten und mit Ysopblüten, Raukeblüten oder Thymianspitzen garnieren.

Postelein

(Claytonia perfoliata oder Montia perfoliata) Montiaceae

Postelein, aus Nordwestamerika stammend, fühlt sich im Hunsrück pudelwohl, und da ich es den Pflanzen ja immer selbst überlasse, sich auszusäen, funktioniert das auch mit dem Postelein wunderbar. Im späten Sommer oder frühen Herbst erscheinen die ersten feinen Keimblätter und schieben schon ziemlich schnell ein typisches Löffel ähnliches Blatt nach. Wenn ich nicht gleich sorgfältig pikiere, vereinzele, topfe oder einfach jäte, erwartet mich kurze Zeit später ein Meer von Abermillionen kleinen Posteleinpflänzchen. Aus diesem Überfluss kann man sich kaum retten und doch ergötzt es so sehr das Gärtnerherz. Ich weiß gar nicht, woher es kommt, dass wir unsere Felder und Beete immer so kahl schlagen und aufpassen, dass sich nur ja nichts aussät oder die Dreistigkeit besitzt, von selbst aufzugehen. Ich kann gar nicht genug davon kriegen und übertreibe es manchmal mit dem Stehenlassen von Kräutern, die sich dann im Kompost getränkten Land gegenseitig die Luft zum atmen rauben. Trotzdem – diese Fülle erquickt!
Und der frische saftige Geschmack, die sahnigen Blättchen sind wie ein Sommersalat mitten im tiefsten Winter!

Vogelmiere

(Stellaria media) Caryophyllaceae

Die Vogelmiere überzieht und schützt mit ihren vielen kleinen Ausläufern offenen Gartenboden, als müsse sie aufgerissene Wunden schließen. So hält sie die Erde feucht und bewahrt, als lebende Mulchschicht, vor Austrocknen und Erosion. Wenn man ihr im eigenen Garten ein paar saftige Stellen überlässt erfreut sie mit schönem großen Wuchs, sodass man leicht ernten kann. Da die Vogelmiere oft in Massen auftritt, sollte man wirklich nur ein paar Pflanzen stehen lassen und den Rest jäten.
Der Geschmack erinnert an frische Erbsenschoten oder junge Maiskölbchen und kommt bei uns am liebsten frisch in Salate. Vor allem passt die Vogelmiere aber zu rohköstlichem Gemüse.

Vogelmiere-Rote-Bete-Salat

vegan

4 kleine Rote Bete
1 Handvoll Vogelmiere
1 EL Ahornsirup
2 EL dunkler Balsamico
1 EL Öl
Salz, Pfeffer
1 rote Zwiebel

■ Rote Bete waschen, schälen und raspeln. Die Vogelmiere waschen und verlesen.

■ Aus Ahornsirup, Balsamico, Öl, Salz und Pfeffer eine Sauce rühren. Die Zwiebel klein schneiden und dazugeben.

■ Mit der Roten Bete vermischen und zuletzt die Vogelmiere einstreuen.

Gartenkerbel – feinster Aromaspender

(Anthriscus cerefolium) Apiaceae

Wie alle hier vorgestellten Winterkräuter keimt auch der Gartenkerbel von selbst im späten Sommer wieder, sowohl im Garten als auch im Gewächshaus, und lässt sich entsprechend leicht auch auf der Fensterbank halten. In der Frankfurter Grünen Soße ist er ebenso fester Bestandteil wie in den Fines Herbes. Sein anisähnlicher und möhriger Geschmack, seine fast durchscheinenden zarten Blätter und sein robustes Auftreten, finde ich sehr speziell. Die filigranen weißen Doldenblüten sind natürlich auch in der Küche im Einsatz.

Möhren-Giersch-Kuchen oder Möhren-Kerbel-Kuchen

4 Eier
1 Prise Salz
100 g Zucker
Saft von 1/2 Zitrone
Zitronenzesten von 1 ungespritzte Zitrone
je 50 g Mehl, gemahlene Nüsse, Maisgrieß, gemahlene Aprikosenkerne und Speisestärke
1 TL Backpulver
200 g Möhren oder Pastinaken
2 reichliche Handvoll junge Gierschblätter oder Kerbel
je 1 Prise gemahlene Nelken und Zimt

■ Die Eier trennen und das Eiweiß mit einer Prise Salz steif schlagen. Die Eigelbe mit dem Zucker, dem Zitronensaft und den Zesten schaumig schlagen, bis die Masse weiß und cremig ist.

■ Den Ofen auf 150 °C vorheizen. Mehl-Nuss-Mischung mit dem Backpulver mischen und unter die Eigelbmasse heben. Die Möhren raspeln und die Gierschblätter oder Kerbelblätter klein schneiden.

■ Beides unter den Teig rühren und mit Zimt und Nelkenpulver würzen. Das Eiweiß unterheben und die Masse in eine gefettete Springform füllen.

■ Im vorgeheizten Backofen auf mittlerer Schiene ca. 1 Stunde backen.

Löffelkraut – scharfe Vitaminbombe

(Cochlearia officinalis) Brassicaceae

Wie Hirschhornwegerich, Eiskraut und mehrjähriger Rucola mag auch das Löffelkraut gerne mal ein bisschen Meersalz naschen, da es normalerweise an der Küste lebt. Von der Antike bis vor ein paar Jahrhunderten noch reichlich benutzt oder angebaut, ist es eines der vergessenen Garten- und Küchenkräuter. Seine Vorzüge liegen darin, dass es im Winter wächst und als Vitamin- und Frischequelle geerntet werden kann. Es ähnelt im Geschmack der Brunnenkresse, ist aber etwas bitterer und schärfer. Die weißen Blüten duften stark nach Honig und sind auch essbar. In winterlichen Quarkdips, als scharfe Würze für fette Speisen, Zutat für Mischsalate und als Winterbegrünung für den Balkon kann ich es nur empfehlen.

Felsenblümchen – erstaunliche Delikatesse

(Draba muralis) Brassicaceae

Das Felsenblümchen ist ein wirkliches Kleinod und ich schätze dieses winzige Pflänzchen nicht nur als Salatergänzung, sondern erfreue mich immer wieder aufs Neue an ihm. Wenn es im Spätsommer keimt, ist es nur Stecknadelkopf groß und hat doch schon alles von seiner späteren Gestalt. Mit dem Feldsalat eifert es um die besten Plätze und wird im Gewächshaus oder im Kübel ebenso groß. Pflückt man die Blätter oder ganze Rosetten, schmelzen die Blätter schon in den Fingern. Die Blätter sind ein wenig aufgeraut, wie die Zunge einer Katze vielleicht, aber so zart, dass man durchaus die ganzen Blätter verwenden kann. Mit Feldsalat gemischt und mildem Dressing kann man sich auf ungekannte Geschmacksnuancen gefasst machen! Es schmeckt zunächst ein wenig süß, dann kommt eine wirklich leckere Schärfe dazu und am Ende überrascht es einen mit einem lieblichen Waldmeisteraroma. Für mich ist es das erstaunlichste Kraut überhaupt.

Tipp

Für Gartenfreunde bereichert das Felsenblümchen die Palette der Winterkräuter, die das Wintererdreich schützen, wie Feldsalat, Vogelmiere, Löffelkraut, Postelein. Aber auch für den Balkon sind das Felsenblümchen und das Löffelkraut als Unterpflanzung von großen Kübeln sehr gut, und man kann im Winter naschen!

Lauchhellerkraut – der beste Knoblauch aller Zeiten!

(Thlaspi alliaceum oder alliarum)
Brassicaceae

Und wo wir schon bei erstaunlichen Kräutern sind – die Kohlgewächse haben wirklich interessante Gesellen geschaffen. Das Lauchhellerkraut kann jeder sehr leicht ziehen – erstaunlich, dass es das noch nicht zu kaufen gibt!
Als Abwechslung in Salate gemischt, mal auf der Pizza statt Rucola oder als Variante zum Bärlauch kommt das feine Lauchhellerkraut in unsere Küche. Sein wirklich angenehmer, ganz lieblicher Knoblauchgeschmack mit einem Hauch Rucola und Schnittlauch kann einfach nur begeistern und ist vielseitig einsetzbar.

Tipp

Von den genannten Kohlgewächsen kann man auch immer die Blüten und die noch weichen, grünen Schoten essen! Ganz besonders die nussigen Blüten des einjährigen Rucola!

Rucola – wiederbelebtes Lieblingskraut: Schmalblättrige Doppelsame und Gartensenfrauke

(Diplotaxis tenuifolia/muralis oder Rucola selvatica) und (Eruca sativa oder cultiva)

Wie Basilikum und Bärlauch ist ja auch Rucola immer noch der Renner unter den populären Kräutern. So baue ich vor allem für meinen Liebsten sowohl die einjährige Gartensenfrauke (*Eruca sativa* oder *cultiva*) als auch die heutzutage überall erhältliche und mehrjährige Schmalblättrige Doppelsame *(Diplotaxis tenuifolia/muralis oder Rucola selvatica)* an. Und wie sollte es anders sein, die Römer hatten längst ihr Augenmerk auf dieses kräftige Kohlgewächs gelegt. Ohnehin brauchen wir nur immer wieder in die Antike zu schauen, um uns klar zu werden, dass wir eine ziemlich reduzierte Vorstellung von Essen und Landwirtschaft haben. Natürlich hatten auch die Römer oder Griechen viel aus der arabischen Welt oder von noch weiter her und sie haben sogar beliebte Kräuter angeblich ganz ausgerottet, sodass wir heute nicht mehr in den Genuss kommen. Ich bewundere aber ihre Freude an der Vielfalt und den Ehrgeiz, Neues zu erkunden. In meinen Seminaren erlebe ich oft die Ablehnung des Fremden oder Unbekannten. Kräuter scheinen auch immer etwas Erschreckendes oder Gefährliches zu haben, und ich hoffe doch, dass ich mit meinen kleinen Kräuterepisoden einen leichteren Zugang in das schmackhafte Reich der Kräuter geben kann.

Tipp

Möchte man viel einjährigen Rucola ernten, so empfiehlt sich ein Anbau etwa in einem monatlichen Rhythmus, sodass man immer frische, zarte Blätter speisen kann. Mit Dill, Koriander und Spinat lohnt sich eine solche Anbaufolge ebenfalls. Und ruhig mal ein paar Pflanzen stehen lassen, wenn sie schießen, denn die Blüten sind unglaublich lecker!

… und so sieht es in Maigas Naturkräutergarten an einem Sommertag aus …

Jens Stempel

Sascha Daniels

Katharina Schnabl

Sebastian Schuff

Marta Meli-Czeburko

Michael Daus

Rezeptautoren

Freddy Bürkle
Küchenchef
Schlemmerschlösschen
Brückenstrasse 29
56841 Traben-Trarbach
www.schlemmerschloesschen.de

Marta Meli-Czeburko
Inhaberin
Barfly
Aacher Straße 7
56841 Traben-Trarbach
www.barfly-online.de

Sascha Daniels
Inhaber und Küchenchef
Restaurant Cavallerie
Bahnstraße 25
56841 Traben-Trarbach
www.restaurant-cavallerie.de

Michael Daus
michaeldaus@gmx.de
Chef de Partie
Romantik Jugendstil Hotel Bellevue
An der Mosel 11
56841 Trarbach
www.bellevue-hotel.de

Katharina Schnabl
Kleinkost
Katharina Schnabl und Dennis Krömer
Lotter Straße 113
49078 Osnabrück

Jens Stempel
Inhaber und Küchenchef
Landhaus Stempel
Hauptstraße 32-33
55452 Windesheim
www.landhaus-stempel.de

Sebastian Schuff
Küchenchef und
Geschäftsführer
Gartenhotel Hunsrücker Fass
Hauptstrasse 70
55758 Kempfeld
www.gartenhotel-hunsruecker-fass.de

Zu den Autoren

Katharina war ein Jahr lang Mitarbeiterin im Naturkräutergarten und macht sich gerade in Osnabrück mit ihrem Lebensgefährten selbstständig. Im sogenannten „Kleinkost" gibt es leckeres Selbstgemachtes.
Freddy, Marta, Michael, Sascha und Stefan sind Freunde und Kollegen aus dem schönen Moselstädtchen Traben-Trarbach, deren Kreativität und Liebe zu Kräutern in diesem Buch für Abwechslung und besondere Akzente sorgt und täglich ihre Gäste verwöhnt.
Die jungen Küchenchefs Jens und Sebastian eröffnen ihren Gästen die Gaumenfreuden aus der Fülle regionaler Vielfalt.

Dank

Diese Danksagung ist nicht einfach obligatorisch, sondern kommt von Herzen und möchte sich als echte Wertschätzung für die Unterstützung wissen, die ich in den letzten 20 Jahren genießen durfte. Allen voran gebührt damit ein großes Lob den Köchinnen und Köchen für ihr Engagement und ihre Rezeptbeiträge:
Katharina, Marta, Freddy, Jens, Michael, Sascha und Sebastian. Verführt durch die Aromenwelten der Kräuter gilt wieder ein liebender Dank meinen Eltern, Ré und Richard, und meinem wundervollen Lebensgefährten Frank.
So wie meine Eltern mich einst die Natur entdecken ließen, so erfuhr ich stetig kleinere oder größere Impulse, die mich irgendwann ganz explizit in meinen jetzigen Beruf drängten, so sollen diese Worte auch meinen finanziellen Unterstützern gelten. Anne Untermann, die mir mein erstes kulinarisches Wildkräuterbuch schenkte, oder Heinrich Hüni, der mir ein Urlaubssemester ermöglichte, Anne Liller, meine zweite Herzensmama und Kräuterliebhaberin par excellence. Aber schließlich ermöglichten mir meine Freundinnen Esther und Kerstin den tatsächlichen Einstieg in den Beruf der vielfältigen Kräuterwelten. Allen Kunden, Gästen und Freunden des Naturkräutergartens ein Dank für ihre Treue und freundliche Kritik für ein stetiges Weiterentwickeln – man lernt nie aus!
Und last not least sei Dank Martin Dort und Christine Paxmann und Crew, die dieses zweite Kräuterbuch erst möglich gemacht haben.

Die Autorin

Maiga Werner, Jahrgang 66, dem Garten ihrer Eltern und der Natur schon immer verbunden, kam über die Philosophie, das Mediengestalten, die Arbeit als Köchin und Gärtnerin zurück zu jenem Kindheitsgarten. Diese Verbundenheit ist Quelle der Inspiration und die Antwort auf ihre jugendliche Frage, was man eigentlich werden will. Dieses Ziel, einst in der Abizeitung als saloppe Bemerkung, man wolle Bauer und Schriftsteller werden, ließ den Weg dorthin natürlich offen und führte schließlich zu der Gestaltung des heutigen Naturkräutergartens. Aus diesem Garten werden nun frische Kräuter an Gourmetköche versandt, ein Kräutercafé betrieben, Bio-Topfkräuter produziert, Kräuter-Koch-Seminare gestaltet und Übernachtungen offeriert. Aus den ersten Anfängen als Frisch-Kräuter-Lieferservice wurde ein florierendes Kräuterparadies, das man im vorliegenden Band kulinarisch miterleben kann und tatsächlich auch besuchen kann: www.naturkraeutergarten.de

Maiga Werner
Naturkräutergarten und
Kräuterkulinarium
Fronhofen 2
54483 Kleinich
Tel: 0 65 36/93 36 20
Fax: 0 65 36/93 36 21
www.kräuterkulinarium.de
DE ÖKO 006
Naturland Mitglied
Maiga@naturkraeutergarten.de

Besondere Rezepte von **Ré Werner**, Mutter der Autorin und gute Seele vom Kräutercafé

Bezugsquellen:

Saatgut und Topfpflanzen

www.dreschflegel-saatgut.de
www.pflanzenversand-gaissmayer.de
www.kraeuter-und-duftpflanzen.de
www.blauetikett.de
www.oekoseeds.de

Frische Schnittkräuter

www.naturkraeutergarten.de
www.wildkraeutergarten.de
www.essbare-wildpflanzen.de
www.biokraeuterei.de
www.wilde-7.de
www.essbare-landschaften.de

zum Selberpflücken

www.eifel-ferien.com

Rezeptregister

weitere Rezepte unter:
www.kräuterkulinarium.de

Kräuterregister

Bildnachweis

Fotolia
S. 127

Roman Knichel
S. 179

Marta Meli-Czebruko
S. 67 unten, 105, 118

Christine Paxmann
U1, S. 8 klein mitte, klein rechts, 9, 10 links, 13, 23, 25, 78, 80 klein rechts, 83, 93, 95, 130 groß, 162, 167

Marliese Pfeil
S. 7

Marguerit Pollard
S. 61 oben, 80 groß, 101, 113, 149

Mehrdad Sade
S. 80 klein links

Katharina Schnabl
S. 176 mitte links

Sebastian Schuff
S. 61 unten, 176 mitte rechts

Stockfood
S. 5 links, 29, 145, 157

Alexander Taube
S. 22 oben links, oben rechts, 102 links, 103, 114 rechts, 146 oben, 147, 164 oben, 170 unten

Maja Twesten
U4 mitte, S. 16, 19, 27, 49, 51, 57, 59, 64, 75, 77, 87, 97, 109, 125, 130 klein links, 134, 141, 151, 165, 169

Timo Volz
S. 176 oben links

Brigitte Werner
S. 110

Maiga Werner
U4 links, rechts, S. 4 beide, 5 rechts, 6, 8 groß, klein links, 10 rechts, 11, 12, 15, 18, 20 beide, 21, 22 alle unten, 22 oben mitte, 24, 26, 28, 31, 33, 34, 35, 36, 38, 40, 41, 42, 43, 44 alle, 45, 46, 48, 50, 52, 53, 54 beide, 55, 56, 58, 60, 62, 63, 66 beide, 67 oben, 68, 69, 70 beide, 71, 72, 73, 74, 76, 82, 84, 85, 86, 88 beide, 89, 90, 91, 94 beide, 96 beide, 98 beide, 99, 102 rechts, 107, 111 beide, 114 links, 116, 117, 120, 121, 122 beide, 123 beide, 124 beide, 126 alle, 128, 130 klein rechts, 131, 132, 133, 135, 137, 138, 139, 140 beide, 142, 143, 144, 146 unten, 148, 150 beide, 152, 153, 155, 158 beide, 159, 160 alle, 161, 162, 163, 164 unten, 166, 168 beide, 170 oben, 171, 172, 173, 174, 176 beide unten, oben rechts, 181, 182

ISBN 978-3-86362-023-3

Layout und Gestaltung: Christine Paxmann text • konzept • grafik, München

Alle Rezepte dieses Buches wurden mit Sorgfalt zusammengestellt und überprüft. Eine Garantie kann jedoch nicht übernommen werden.

Printed in Italy 2014

Verlagswebsite: www.d-hverlag.de

FSC
www.fsc.org
MIX
Aus verantwortungsvollen Quellen
FSC® C081623